首次披露西藏神祕聖物地下掘藏所得寶

西藏的觀世音

揭示雪域高原佛教文明諸多殊勝之緣起

〔印度〕阿底峽尊者◎發掘

盧亞軍◎譯注

漢欣文化公司　出版

序言一

賽倉・羅桑華丹・卻吉多杰

　　《西藏的觀世音》一書，史稱《吐蕃贊普松贊干布傳
── 遺訓金鬘》，又稱《松贊干布遺訓》、《大悲觀世音菩
薩別記 ── 遺訓淨金》，緣其掘藏自大昭寺的寶瓶柱頂
端，故又名《柱間史》。該書歷來被認為是由阿底峽尊者
掘藏的吐蕃神聖贊普松贊干布的遺訓祕籍，書中比較詳細
地記載了一千多年前吐蕃王朝時藏族社會的政治、經濟、
文化、民族、宗教等諸多方面的史實。

中國藏語系高級佛學院研究員，著名藏族學者，甘肅省合作師專教授，甘肅省夏河縣德爾隆寺第六世寺主活佛賽倉・羅桑華丹・卻吉多杰近照

　　縱覽卷帙浩繁的
藏族史籍，我們或多
或少地總可以看到源
出自《西藏的觀世音》
的記載，甚至有些重
要史籍引經據典的內
容與本書的記述如出
一轍。可以說，《西

3

藏的觀世音》一書是藏族史籍早期歷史記載的「木之本」、「水之源」，在藏族古籍中占有十分重要的地位。

然而千百年來，這部「掘藏祕籍」一直沒有公之於世，人們只知其之有，而不知其何在。直到1982年，經班禪大師額爾德尼・卻吉堅贊親自過問，該書才從甘肅拉卜楞寺的高牆深院中抹去塵封，由甘肅省少數民族古籍整理辦公室整理出版藏文版，得以重見天日。

《西藏的觀世音》漢文版，係全國民族古籍整理出版「八五」規劃重點項目，由西北民族學院藏學學者盧亞軍副教授承擔翻譯任務。本人應譯者之請，抽空拜讀了漢文譯稿，頗感文字清新流暢，譯文忠實準確，兼備翻譯作品的可讀性和歷史古籍的學術價值，足見譯者為此付出了艱辛的勞動。

因該書成書較早，有些詞語（包括方言、古詞、地名）的確切含義和地望已無從考證，加之有些字句因原文繕寫或翻譯藍本（藏文版）的校對問題，譯文中的失誤之處，還望讀者不吝賜教。

《西藏的觀世音》漢文版的出版，對促進漢藏文化交流、增進民族團結，以及對藏族早期歷史、人物、事件、時間的研究、考證，都具有十分重要的作用和意義。

藉「序言」之頁，誠摯地希望和歡迎更多的兄弟民族

學者，為藏學研究雪中送炭，錦上添花。

賽倉‧羅桑華丹‧卻吉多杰

寫於二〇〇〇年十月一日

序言二

多識·洛桑圖丹瓊排

　　《西藏的觀世音》一書，史傳係藏傳佛教後弘期弘法功居首位的古印度高僧阿底峽尊者（公元982～1054年）在十一世紀中葉，從拉薩大昭寺釋迦佛殿寶瓶柱的柱子頂端發現的三帙書卷中的一帙，故又稱《柱間史》，相傳它是吐蕃贊普松贊干布親自寫下的一部史傳遺訓。另外兩帙是大臣們所寫的《如意明月》和后妃們所寫的《聖潔素絹》。

近照 藏族自治縣天堂寺活佛多識·洛桑圖丹瓊排者，西北民族學院藏語系教授，甘肅省天祝中國藏語系高級佛學院研究員，著名藏族學

　　這部問世時間較早的典籍，雖然長期被深藏於寺院的高牆深院而人們無緣親見，但由於《賢者喜宴》、《青史》和《西藏王臣記》等許多藏族歷史名著皆稱其某些原始史料來源於它而著稱於世。該

書記述了吐蕃第三十二代贊普松贊干布的業績及其以前歷代贊普的傳承和相關事蹟，並將松贊干布奉為大悲觀世音菩薩的化身。

大慈大悲的觀世音菩薩是藏民族誠實善良崇高精神的象徵。這種慈悲精神在藏民族從桀驁不馴的原始狀態走向文明開化的過程中，起到了不可估量的積極作用。在引進大乘佛教的慈悲思想、以大慈大悲的觀世音精神締造藏民族方面，松贊干布起到了決定性的作用。因此，藏民族將松贊干布視為千手千眼、大慈大悲、救苦救難、普渡眾生的觀世音菩薩的化身。

松贊干布生於公元569年（土牛年），13歲執政，在位69年，卒於公元650年。其最主要的歷史功績是：一、創制藏文；二、翻譯觀世音系列佛經，引進並推崇佛教；三、制定以佛教十善法為基礎的十六條律令等吐蕃法律；四、兼併聯合了周圍的若干君主小國，建立了統一的吐蕃王朝；五、劃分四如地域，建立戰時為軍、平時為民的軍事部落和從事農牧生產的順民部落。

這位雄才大略的吐蕃君主清楚地認識到，強大的武力雖然可以取得一時的勝利，但長治久安還需要一套文治教化的高明手段。經過多年征戰，吐蕃王朝各部落表面上統一了，但在長期的你爭我奪中互相仇殺，積怨甚多，強制

壓服很難奏效。要從內心平息仇恨的火焰，化干戈為玉帛，除了大乘佛教慈悲為懷、視眾如母的思想外，沒有更好的良方。於是深謀遠慮的松贊干布便選擇了觀世音的慈悲教化，使雪域子民學習觀世音的慈悲利眾精神來消除積怨，填平仇隙，與世無爭，化苦為樂，一心念誦包含無窮哲理的「六字真言」──「唵嘛呢叭咪吽」。從此觀世音菩薩就成了雪域眾生的救星，「六字真言」成了藏族男女老幼人人念誦的「母法」。在六字真言的念誦聲中，熄滅人生的苦難獄火；在六字真言的念誦聲中，建起理想的極樂世界；無窮苦樂，無限追求都包含在一聲「唵嘛呢叭咪吽」中。這就是雪域觀世音文化的形成緣起。了解了藏族精神文化的這種情況，就不難理解觀世音渡眾的傳說被融進藏族的歷史神話，藏族的祖先獼猴和松贊干布等歷代有作為的政治領袖都被奉為各種名號的菩薩和觀世音化身這一文化現象的歷史淵源。

在人類歷史發展的長河中，回首過去，在自然環境極為嚴酷的世界屋脊上頑強生存下來的藏民族，經歷了一個漫長的不屈不撓、可歌可泣的歷程。在這樣一個艱苦卓絕而又絢麗多彩的歷程中，大慈大悲的觀世音利眾精神，不失為藏民族頑強生存的精神支柱；展望未來，全人類都在為和平、進步和文明而奮鬥，大慈大悲的觀世音利眾精

神，依然是藏民族和一切愛好和平、追求幸福的人民共同的陽光和雨露。

願一切吉祥！

多識・洛桑圖丹瓊排

二〇〇〇年十一月三日於蘭州

目錄

　　當初大悲觀世音菩薩曾在阿彌陀佛等十一俱胝諸佛面前發菩提心願道：「我要於眾生所在之處，讓自己的每一個毛孔和每一剎意念中，都示現三世諸佛的變化身形，使他們盡皆斷證無上菩提。如果我不能使眾生盡皆成就菩提而獨自逍遙自在，就讓我的頭顱像葵花一樣裂開。」

　　據《諸種瀑流經》中說：大悲觀世音是諸菩薩中最為殊勝的菩薩，他在三千世界的大千世界中化身為就像恆河沙一樣無以數計的佛益利眾生；《佛陀勝樂

金剛經》中說：觀世音在三千世界的中千世界中化現出就像四大種極微塵那樣多的化身，廣行十二功業，普遍利樂眾生⋯⋯

世尊說：「在我涅槃後不久的將來，將會有證得念住總持的聲聞弟子們集結我之所說，眾等疑惑可憑藉我的經典斷除；六部惡行弟子原本是異方剎土佛的化身，他們將來會好自為之的；至於布施供養，可由我的聲聞比丘來維持；再則，為了鎮伏外道，弘揚善法，請造立我的替身像即可矣。」

忽然有一天，獼猴禪師正在坐禪時，一岩羅剎女裝扮的雌猴來到他面前，一會兒揚土，一陣子露陰以求交配，就這樣一連折騰了七天七夜。

觀世音菩薩明察到，這些眾生絕非溫文爾雅所能調伏，須依法而治方能教化。這就需要有能主宰萬民的權威，而至高無上的權威，非君王莫屬。既然如

此，他想，不妨自己就化身為吐蕃君王，親自來教化雪域的芸芸眾生。

吉祥金剛手大勢至的化身拉妥妥日年謝正在雍布拉崗宮中侍奉其父王母后，他忽聽得空中妙音四起，又看見祥雲氤氳，霎時間祥雲中一束五彩的光芒直射胸前，一個用五種珍寶鑲成的寶匣，不知不覺已捧在了懷中。拉妥妥日年謝王打開寶匣，只見裡面裝著一座四層水晶寶塔和數函用吠琉璃粉書寫的金質書卷。翻開書卷，他雖不知是佛典還是苯經，但深信這是一件稀世寶物，故取其名曰「玄祕神物」。

某一日，大悲觀世音菩薩自天竺南方普陀山舉目遠眺雪域吐蕃，觀見那裡的眾生首領因得其先王拉妥妥日年謝的「玄祕神物」並供奉之，彼等悟性漸已萌發，觀世音菩薩遂決意化身為吐蕃贊普去教化那裡的臣民。於是大悲觀世音便投胎托生為南日松贊與王后才松薩·智冒陶嘠爾的王子。

南日松贊去世後，身為大悲觀世音自性身的幼主松贊干布心想：父王這一死，從今往後這些獼猴父羅剎母的雪域眾生將由自己親自調伏，為此必須擁有至高無上的權力，我何不就此祈請諸佛與眾菩薩給自己灌頂授權呢？

隨後他心想：如今在我域內可崇佛矣！而崇佛則須有本尊。若用土石造立本尊像未免太差次，用木料造像又易乾裂，用珍寶造像，又恐人心叵測，終將毀之於一旦……

日暮時分，贊普還在為造像材料的事費思勞神。忽然，天空中眾天子現身雲端，向松贊干布施過禮後異口同聲地說：「贊普陛下，在天竺南方僧伽羅島的海濱沙洲上，有一尊羯沙流坡坭神像，在神像背後的沙灘下埋著一棵蛇心旃檀樹，你的本尊就在其中，可前往迎請之。」話音剛落眾天子就不見了。

此情此景，依十方諸佛與眾菩薩之所見：大自在大悲觀世音菩薩為弘傳佛法，自普陀山親臨雪域吐蕃化身為此方君主；而光明度母則化身為赤尊公主，攜三尊聖像與贊普千里來相會。贊普與公主會面時，渾身光芒四射，遍照雪域，剎那間使所有吐蕃眾生獲得了猶如金剛斷除一切煩惱的三昧之勝樂。

皇上為即將遠嫁吐蕃的愛女置備了極為豐厚的嫁奩，並將那尊被漢人視為稀世之寶的唯一供奉之所依——釋迦牟尼十二歲等身金像也作為陪嫁送給了公主。為此，漢人們夢中出現不祥之兆，遂有人上奏道：「啟稟皇上、皇后、皇太子：我們既然已失去了賢慧的公主，為何還非要把如意之寶（世尊佛像）也拱手送給吐蕃人呢？」

我此番經細觀一百零八，詳察九十，勘誤七十二，已辨明地煞之相，須設法鎮伏之。我須勘察選定

贊普宮殿之風水寶地是為一；僧眾聚集之清靜剎土是為二；仙人居住之靈山秀水是為三；娛樂逍遙之離宮勝境是為四；出巡郊遊之行宮之所是為五。其中首當選定俱全八種殊勝功德的贊普宮殿之風水寶地，並要先行伏魔除邪耳。

那麼如何才能鎮伏這些地煞妖魔呢？贊普又向旃檀本尊佛像祈禱，本尊佛像告之曰：「請造立一尊陛下的替身像。」

為使我治下善男信女的子孫後代免遭侵害，可在蛇形柱下埋藏威猛咒力伏藏，藉此加持，但凡信解嚮往聖地拉薩的人們都將得到護佑；為了回遮邊邦鄰國的惡咒禍害，可在獅形柱下埋藏回遮惡咒伏藏，藉此福力，但凡景仰聖地的人們可免遭不測。

拉薩幻顯神殿緣其當初是用一千隻山羊從烏如澎域多麥，一個叫滕博古巴的地方馱來土木修建的，所

以從那時起，人們也叫它「羊土神變寺」。

　　漢妃文成對大臣那闥布還交代說：「我的釋迦牟尼十二歲等身金像須挪個地方安立。」

　　故而凡到聖地拉薩朝覲的人，無論來自何方，無論路途遠近，只要你不圖名利，虔誠地轉「古拉」、作禮拜、上供燈、獻供奉，回去之後不造次作惡，一心向善至死不渝，那麼你如此朝覲一次兩次，便可證得一地二地菩薩，若是朝覲十次八次，就能證得十地八地菩薩。

供奉在大昭寺內的西藏的保護神，十一面千手千眼觀世音菩薩

觀世音弟子的化身大
力獼猴與岩羅剎女結合，
成為藏民族的祖先

從天梯上下來的聶赤贊布被
尊為西藏第一代贊普

西藏第一座王宮雍布拉康

觀世音的化
身，第三十三代
藏王松贊干布

白度母的化身，主持修
建了大昭寺的赤尊公主

綠度母的化身，主持修
建了小昭寺的文成公主

赤尊公主帶來的釋迦牟尼八歲等身「不動金剛」像，現供奉在小昭寺

唐蕃古道上（今青海省玉樹境內）的大日如來廟（舊稱文成公主廟）

供奉在大昭寺內的釋迦牟尼十二歲等身像

文成公主入藏時在大日如來廟旁親手書寫的十六行《般若波羅蜜多心經》

藏文創立者屯米桑布札在大日如來廟旁親手題寫的藏經文

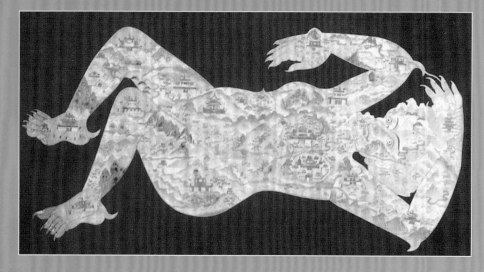

西藏鎮魔圖：雪域之地呈羅剎女仰天偃臥之狀，大昭
寺即建在她的心臟部位所在的臥塘湖上

山羊馱土，
填平臥塘湖，建
起大昭寺，始稱
拉薩（「拉」，原
意為「山羊」，
「薩」為「土」，
即山羊馱土之
地；今之「拉」，
為「神」，「拉薩」
即「聖地」）

被藏族人稱為世界中心
的拉薩幻顯神殿──大昭寺

位於神山崗仁波切旁邊的西藏三大聖湖之一──瑪旁雍措

本書的發掘者阿底峽尊者

甘肅拉卜楞寺，本書係該寺「語之所依」的鎮寺之寶之一

第一章　報身教化眾生

當初大悲觀世音菩薩曾在阿彌陀佛等十一俱胝諸佛面前發菩提心願道：「我要於眾生所在之處，讓自己的每一個毛孔和每一剎意念中，都示現三世諸佛的變化身形，使他們盡皆斷證無上菩提。如果我不能使眾生盡皆成就菩提而獨自逍遙自在，就讓我的頭顱像葵花一樣裂開。」

——題記

唵嘛呢叭咪吽。

　　俯首聽命，

　　至高無上三寶佛法僧；

　　信解虔敬，

　　大慈大悲至尊觀世音。

　　依怙三主變化身①，

密宗事部三怙主：佛部文殊菩薩，金剛部
金剛手菩薩和蓮花部觀世音菩薩

27

於斯雪域吐蕃境，

調伏食肉赭面人②。

此述法王三祖孫③，

卓躒殊勝之遺訓。

頂禮無量壽依怙主弟子大自在觀世音菩薩④。

諸多佛教顯密經籍無不稱道大悲觀世音菩薩的身形示現及其幻化神通不可思量，不可思議。

就本書而言，緣其無與倫比之故，俱難矣哉。智慧空行母授記說：「輯錄或誦讀此書，其功德可以獲得不可思量之洪福。」何以見得呢？智慧空行母授記又說：「（此書）常人難以得之……」

然而，大悲觀世音菩薩大自性身主公天竺班智達吉祥燃燈智（阿底峽尊者）⑤駐錫聶塘灣⑥期間，有一天，正當他在後山的懸崖裂罅中，用阿婆商夏語⑦給眾非人講經說法之際，忽見紅鐵二山⑧之間，雲蒸霞蔚，流光溢彩。便發問道：「此何功德歟？」眾非人回答說：「在前方那兩座山的東面，有一座聶赤贊布的後裔法王松贊干布的本尊幻顯神殿，這功德便是那座神殿的功德與順緣所致。」

翌晨，阿底峽尊者便動身前去朝覲松贊干布的本尊神殿。他攜帶了許多供奉物品，由善知識瑜伽師引駕前往。及抵殿前，下乘伊始，阿底峽尊者就連連施禮，口中用桑

智達語⑨念念有詞。旋即，他棄帔疾趨向前，瑜伽師見狀忙喊道：「班智達尊者，釋迦牟尼佛像（指世尊八歲等身像）供奉在惹冒切（小昭寺）⑩……」但他置若罔聞，疾入幻顯神殿內。

片刻，阿底峽尊者從殿內出來問瑜伽師道：「你剛才看見我面前有什麼嗎？」

「我什麼也沒見，只看見您自個白忙乎了一陣罷了。」

阿底峽尊者說：「方才大悲觀世音菩薩在我面前現身迎迓讚曰：『班智達親臨吐蕃，善哉！』我見之急趨其後，但未能趕上，一瞬間他已隱入五位天成一體像⑪中去了。我問你看見那白衣人了嗎，你說沒看見。那位現身在我面前的白衣人轉眼間便隱入五位天成一體像。這尊五位天成一體神像正是大悲觀世音菩薩的真如之體。」

隨後，阿底峽尊者師徒二人大事供奉了一番。尊者環顧四下，不禁感嘆道：「如此幻顯神殿，莫非化身所建。若能知其原委，豈不妙乎矣哉！」

話音剛落，在大殿廊廡下，有一個靠行乞度日，平素時哭時笑，有時赤身裸體流浪街頭，人們都叫她「拉薩瘋婆」的老媼開口發話道：「班智達尊者，你想知道這神殿的由來嗎？」

「欲知其詳，你可知否？」尊者道。

「我當然知道，可無權稟告。不過，在此神殿寶瓶柱⑫的三庹半處，藏有此神殿建造者寫下的文字，你取而視之，真相便可大白。」老嫗剛說完就無影無蹤了。

次日，阿底峽尊者主僕三人，果然從寶瓶柱上取出了三帙書卷。其中一帙是大臣們所寫的《如意明月》；另一帙是后妃們所寫的《聖潔素絹》；再一帙便是這本由贊普親自寫下的史傳遺訓。

話說曾給阿底峽尊者授記的那位時哭時笑、時而又赤身裸體流落街頭的瘋婆子老嫗，有人說她是文成公主的轉世，有人說她是綠度母的化身，也有人說二者說的是一回事。這老嫗時哭時笑不無原由：她時而哭泣，是因為她看到眾生不信解善法，隨心所欲行五毒⑬之惡，罪孽深重，紛紛墮入三惡趣⑭；她時而歡笑，是因為她看到諸有情積善成德，化五毒為五智⑮，成二障清淨二智圓滿之佛；她時而又赤身裸體流落街頭，是因為人本來就生時赤裸裸，死亦赤條條，與生俱來的身軀和衣食、首飾等盡皆無常；她靠施捨度日的原因則是，凡和合之物，如房屋、財產等一切皆空，人死後是無法帶走的，故生計隨遇而安足矣；至於她說無權面稟神殿的由來，是因為她身為女人，出身卑微；而她之所以又能給阿底峽尊者授記的原因，是她與尊者乃前世有緣。

　　據說，往昔吐蕃先民之所以不為如來佛祖所化，是因為他們生息繁衍在冰峰雪嶺、森林湖泊、野獸出沒、鬼魅猖獗之地的業緣所致。於此衷心感謝雪域吐蕃那些未曾被如來佛祖教化的先民們，還要感謝諸佛、眾菩薩和凡人們的深恩大德。

　　之所以要感謝凡人，是因為凡人們曾為領悟教義而作「仲」；為明瞭事理而作「帝俄」；為知曉三學⑯而作「雍仲之苯」；為棄惡從善而作「十善之法」。如此等等，且聽下文詳述。

　　所謂「仲」，也叫傳說、故事，舉凡《頂生王的傳說》、《鳥的故事》、《猴的故事》等等。在拉薩幻顯神殿的上護房⑰繪有許多傳說、故事的壁畫。

　　所謂「帝俄」（謎語），譬如「太陽當頭照，雨水下面飄」是什麼⑱？「亭尼爾拔巴戲」是什麼⑲？「無毛紅棒，進進出出，大頭黃錘，敲敲打打」是什麼⑳？類似這樣的許多謎語，在神殿西北側的木板牆上繪有圖解壁畫。

　　所謂「苯」（譯注：這裡指苯教徒傳授或修習的某些內容），譬如「空行智慧鹿」、「禳病救人法」等等，在幻顯神殿的樹形柱㉑下埋有其伏藏。

　　制定頒行的法規，諸如殺人命價律、盜竊賠償律、讒妄斷舌律、不實澄清律等等。這些法規由君臣頒行於天

下，其法典收藏於協佐（譯注：下文「在烏如與僧人李氏相遇」及「八歲時的某上午」兩句語焉不詳）。

之所以要感謝眾菩薩，是因為眾菩薩在釋迦牟尼初成道時說四阿含經。

之所以要感謝諸佛，是因為諸佛曾為贊普松贊干布灌頂授權。

蒼穹之下，眾生遍及。當初大悲觀世音菩薩曾在阿彌陀佛等十一俱胝（譯注：一俱胝為一千萬）諸佛面前發菩提心願道：「我要於眾生所在之處，讓自己的每一個毛孔和每一剎意念中，都示現三世諸佛的變化身形，使他們盡皆斷證無上菩提。如果我不能使眾生盡皆成就菩提而獨自逍遙自在，就讓我的頭顱像葵花一樣裂開。」

阿彌陀佛等諸佛稱讚道：「善哉，善哉！我十方三世諸佛也都是如此才得道成佛的。我們將助你普渡眾生。」

觀世音菩薩隨之發起菩提心願，對報身所化眾生示以報身教化，對化身所伏有情示以化身調伏。不僅如此，還對聲聞徒眾、獨覺阿羅漢以及飛禽走獸之類，也示之以類似其首領的身形，極盡教化調伏之能事。這樣一來，觀世音菩薩自以為所有眾生皆已無一而餘，登上了菩薩地。仔細再看，原來登上菩薩地的眾生竟屈指可數。經再三努力，依然收效甚微，遂大失所望。他心裡暗想：唉呀呀，

果然是「如來之旨不可思量，虛空之界不可思量，眾生之眾不可思量」。我為普渡眾生如此竭盡全力，可如願以償者竟然寥寥無幾，看來我是無能為力了，還是善自為之的好！不料這念頭違背了自己的諾言，他的頭顱隨即應驗裂成了十一瓣。

這時，阿彌陀佛現身並把他裂開的頭顱合攏到一起後說：「你這是存心要誆騙我十一俱胝諸佛嗎？你務必在輪迴未盡之際，全力去益利眾生！」遂將其裂成十一瓣的頭顱變成十一面之首。觀世音菩

千手千眼觀世音菩薩像

大昭寺壇城院內供奉的

薩隨之又一如既往地依其化機，示現相應的身形饒益眾生。

何謂圓滿報身所化之境呢？此境可謂遍及虛空之界。在虛空界有一如同百萬個娑婆世界那般廣闊無垠的「花莊嚴剎土」，遍照雪海大日如來佛就居住在這裡。在大日如來佛渾身上下的每一個毛孔中，都遍布著形形色色的界土。朝上仰視的毛孔中是所謂「等同世界」，這裡由諸佛益利眾生；橫著平視的毛孔中是所謂「艾恰界土」，這裡由聲聞和獨覺益利眾生；向下俯視的毛孔中是所謂「伽洛

界土」，也叫「入目有宮」，這裡由與自身的業力和福分相同之者益利眾生。在大日如來平置於胸前的雙手掌心中有一片薰香大海，海中生長著無數蓮花，每一朵蓮花的花蕊上都有許多界土。我們這個娑婆世界，便是其中某一花蕊上二十五方界土中的第十三方界土，又正好在大日如來佛的胸際。凡投胎轉生於娑婆世界的眾生，尤其易生厭患出離輪迴之心，故而在此娑婆世界，即便是一剎那間的行善作惡，也比在其他界土上一大劫的行善作惡還有過之而無不及。如此等情，見諸《金剛頂上密續》，在《大方廣佛華嚴經》中也略有記述。

圓滿報身教化眾生之第一章竟。

注釋

①密宗事部三怙主：佛部文殊菩薩、金剛部金剛手菩薩和蓮花部觀世音菩薩。

②食肉赭面人：由於受高原自然地理、日照、氣候及生活方式的影響，藏族人大多臉色較深，喜食牛羊肉，故自稱食肉赭面人。印度佛經中有善法將傳入雪域赭面國的預言。唐代史書中有吐蕃人以赭塗面為美的記載。

③法王三祖孫：藏史稱松贊干布、赤松德贊和赤祖德贊（熱巴巾）為祖孫三法王。

④大自在觀世音菩薩：八大菩薩之一。象徵一切如來大悲本性，以慈
　悲眼平等觀見一切有情，救渡所化一切眾生的十地菩薩。

⑤阿底峽（982～1054，一說980～1052）尊者：譯言殊勝，法名吉
　祥燃燈智。出身於東印度薩霍爾王室，原係超岩寺上座。吐蕃王室
　後裔古格出家國王絳曲沃用自己贖命的重金禮聘他進藏弘法。阿底
　峽攝顯密兩宗關要，合為修行次第。著有《菩提道炬論》等著作二
　十多種，對藏傳佛教後弘期起過重大作用，成為噶當派創始人。他
　所傳醫方明八部，對西藏醫學流派的形成也起了重要作用。他在阿
　里住了三年，在衛藏住了九年，卒於聶塘，終年七十三歲。因其一
　生對古代印度與藏傳佛教、文化的交流貢獻巨大，藏族尊稱他為
　「覺沃杰」（意為尊者）。按本書記載，本書就是由他在駐錫聶塘期
　間，從拉薩大昭寺釋迦佛殿前寶瓶柱的頂端掘藏而得。

⑥聶塘：拉薩西郊曲水縣境內一地名。藏史載阿底峽尊者在此地居住
　九年並圓寂。有仲敦巴所建聶塘度母寺，現經修葺，保存完好。

⑦阿婆商夏語：即訛誤語，係古印度四大語種之一。

⑧紅鐵二山：紅山即瑪波日，今拉薩布達拉山舊名。吐蕃贊普拉妥妥
　日年謝最先在此山建造宮殿，松贊干布時遷都於此。布達拉宮依山
　就勢建於此山。鐵圍山即藥王山。位於瑪波山西南方，為西藏四大
　名山之一。

⑨梵語、梵文：古印度四大語種之一。一般指公元前四世紀古印度的
　書面語言，擁有豐富的文獻。亦名天語或善構語。

⑩惹冒切：即小昭寺，公元七世紀中葉文成公主倡建。位於拉薩市內，坐西向東。史載其建築原為漢式寺廟，後幾經兵燹火災，依藏式修葺，本來式樣已面目全非。尼妃赤尊公主帶來的釋迦牟尼八歲等身「不動佛」金像現供奉在該寺正殿。

⑪五位天成一體像：傳說現供奉在拉薩大昭寺的十一面大悲觀音像係五位天成一體，即松贊干布造像時此像竟自然形成（此為本體）；此像內裝有一尊天然形成的蛇心旃檀觀音像；松贊干布和他頭頂上的阿彌陀佛以及文成公主、赤尊公主在他去世時同時神奇地納入此像之內，故名。

⑫寶瓶柱：拉薩大昭寺釋迦佛殿前一柱名。本書即由阿底峽從此柱頂端發現而得，並因此而得名《柱間史》。藏史載松贊干布曾命在此柱下埋藏祈願佛教在吐蕃昌盛的伏藏。

⑬五毒：佛教所指的五煩惱毒，即貪、瞋、痴、慢、妒。

⑭三惡趣：佛教所說的六道輪迴中，相對天、非天和人三善趣而言的地獄、餓鬼和旁生（畜生）為三惡趣。

⑮五智：佛教所指的大圓鏡智、平等性智、妙觀察智、成所作智和法果性智等五智。

⑯三學：即戒學、定學和慧學。

⑰護房：藏式寺廟突出牆外的房屋或建築物。

⑱謎底為「供燈」、「酥油燈」。

⑲謎面似指「陽具」，謎底為「塔」。

⑳謎面似喻男女交媾之事,謎底為「打鐵」。

㉑樹形柱:大昭寺釋迦佛殿前一柱名。藏史載松贊干布曾命在此柱下
　埋藏猛咒伏藏。

第二章　示現身形神變

　　據《諸種瀑流經》中說：大悲觀世音是諸菩薩中最為殊勝的菩薩，他在三千世界的大千世界中化身為就像恆河沙一樣無以數計的佛益利眾生；《佛陀勝樂金剛經》中說：觀世音在三千世界的中千世界中化現出就像四大種極微塵那樣多的化身，廣行十二功業，普遍利樂眾生……

——題記一

　　世尊釋迦牟尼說：「觀世音菩薩能在其每一個毫毛孔中化現出無以數計的如同我們這樣的佛國，廣遍利樂贍部洲的諸有情。像你這樣的人是難以輕易見到他的，你若有緣能得到薄迦梵的神變加持再來見我，到那時我會以光芒示之於你的。」這段記述載於《佛說大乘莊嚴寶王經》。

——題記二

話說娑婆世界，大日如來佛化身為世尊釋迦牟尼，於此化身所化之境廣遍利樂眾生。

就二百兆個贍部洲其中之一的南贍部洲而言：

自色究竟天界，大日如來佛的蓮蕊胸際疾風勁吹，形成一堅不可摧的風輪；從風輪之上的金精雨雲中降下牛軛之雨，形成白色的圓形水輪；疾風吹拂水輪，形成金色的方形陸地；從陸地上空的雲層中降下大象陽具般的雨形成了外海；外海被風鼓蕩，海中出現了圍繞著須彌山的七座金山、七重遊戲海和四大部洲及鐵輪圍山，繼而眾生漸次繁衍。

大日如來佛於色究竟天宮化身為遍照雪海佛，自胸際放射出二百俱胝道光芒，一道道光芒照射向一個個贍部洲。光芒照射到南贍部洲的中央金剛座①的地面上化作泡沫，在泡沫的瀦聚中生長出一株株菩提樹。光芒射向清靜虛空形成一個個兜率天，化現出一個個白幢天子②。大日如來佛以五種觀察③審視南贍部洲後，化身為六牙灰白

41

象，投胎於迦毗羅衛國淨飯王的王后摩訶摩耶，轉生為悉達多太子④，以十二宏化益利眾生。

所謂「十二宏化」，即兜率降世、入住母胎、圓滿誕生、少年嬉戲、受用妃眷、從家出家、行苦難行、趨金剛座、調伏魔軍、成正等覺、轉妙法輪和入大涅槃。

世尊釋迦牟尼三轉法輪，即在貝拿勒斯鹿野苑初轉四諦法輪；在王舍城中轉無相法輪；在廣嚴城和蓮華城三轉了義與不了義法輪。最後世尊在拘尸那城為了勸勉那些受世間惡行困擾，而於善行懈惰不樂之徒信奉善法，意欲以身示滅。

就在世尊行將入寂之際，西方極樂世界怙主阿彌陀佛預見世尊行將涅槃，便對身邊會眾弟子中出類拔萃、法力廣大的大悲觀世音菩薩說：「族善子，在距離我們這裡就像恆河沙一樣無可數計的遙遠東方，有一位叫『釋迦牟尼』的如來佛，他正在一個叫做娑婆的世界傳經布道。我預見他行將示寂，可他的夙願尚未圓滿實現。我想讓你前去請求他暫勿入寂，不知願往否？」

觀世音菩薩回稟道：「弟子願往。」

阿彌陀佛又囑咐道：「你此去一定要敦請世尊在他涅槃之前，為雪域眾生轉動法輪。」話音剛落，觀世音菩薩便從極樂世界隱身而去。

　　據《諸種瀑流經》中說：大悲觀世音是諸菩薩中最為殊勝的菩薩，他在三千世界的大千世界中化身為就像恆河沙一樣無以數計的佛益利眾生；《佛陀勝樂金剛經》中說：觀世音在三千世界的中千世界中化現出就像四大種⑤極微塵那樣多的化身，廣行十二功業，普遍利樂眾生；又據《大悲諸種遊戲經》載：觀世音菩薩在一百俱胝贍部洲的中心金剛座化身為一百俱胝世尊釋迦牟尼，在一百俱胝雪域化身為一百俱胝贊普松贊干布及一百俱胝尼妃赤尊公主和一百俱胝漢妃文成公主，還幻變出一百俱胝幻顯神殿，廣遍利樂雪域諸有情。

　　就在觀世音菩薩離開極樂世界前來娑婆世界的時候，世尊釋迦牟尼正在迦耶首山，向人山人海的會眾弟子宣說禮讚大悲觀世音菩薩的無量功德。當時，有位名叫「除蓋障菩薩」（譯注：八大菩薩之一）的會眾弟子聆聽世尊的禮讚後，站起身來問世尊道：「這位奇異殊勝的觀世音菩薩現在何處？弟子欲往見識見識。」

　　世尊釋迦牟尼說：「觀世音菩薩能在其每一個毫毛孔中化現出無以數計的如同我們這樣的佛國，廣遍利樂贍部洲的諸有情。像你這樣的人是難以輕易見到他的，你若有緣能得到薄迦梵的神變加持再來見我，到那時我會以光芒示之於你的。」這段記述載於《佛說大乘莊嚴寶王經》。

　　由此可見，蒼天之下，眾生遍及，眾生所在之處，觀世音無所不在，並廣遍益利眾生耳！

　　世尊釋迦牟尼與其隨從弟子一度仍安住於則達苑。

　　示現身形神變之第二章竟。

注釋

①金剛座：金剛般堅固永恆的菩提道場。中印度伽耶地方一佛教主要聖地，是釋迦牟尼等三世諸佛成道之處。

②白幢天子：釋迦牟尼住於兜率內院時的名字。

③五種觀察：如來依五種觀察選擇降誕人間。即：迦毗羅衛國國王、種姓剎帝利、氏族甘蔗族釋迦、生母摩訶摩耶、時令五濁惡世。

④悉達多太子：釋迦牟尼未出家前的名字。

⑤四大種：地、水、火、風四元素。由此四元素形成一切色法，故名為種；其體廣大為一切色法所依附處，其極微塵普遍存在於一切色法集合體中，故名為大。合稱為四大種。

第三章 化身教化眾生

世尊說：「在我涅槃後不久的將來，將會有證得念住總持的聲聞弟子們集結我之所說，眾等疑惑可憑藉我的經典斷除；六部惡行弟子原本是異方剎土佛的化身，他們將來會好自為之的；至於布施供養，可由我的聲聞比丘來維持；再則，為了鎮伏外道，弘揚善法，請造立我的替身像即可矣。」

——題記一

這兩尊造像集三身（法身、報身、受身）於一體，凡被迎請所到之處，那些證得聲聞預流初果、一來果、不還果和阿羅漢的聲聞弟子及登地菩薩們，就會像日光中的游塵一樣密密麻麻地聚集在它的周圍，故而這兩尊造像所在之處，大乘佛法便會自然而然地弘揚光大。

——題記二

達磨婆羅王與長老、高僧、施主等再三商議，予之不忍，弗予不行，最後還是決定把世尊十二歲等身像和上述四部佛經、四部比丘作為回報漢皇的贈禮，用船送往漢地。從此，漢地得以佛法興盛，萬事如意……

——題記三

　　大悲觀世音菩薩在五彩繽紛的華蓋寶幢簇擁下，伴隨著天界妙音從天而降來到世尊釋迦牟尼面前。世尊的隨從弟子們心想，你來自天庭的菩薩非同一般，而我等住在地界的菩薩也非同小可，故不曾上前施禮。觀世音菩薩其樂融融，倒也不在話下。

　　觀世音啟白釋迦牟尼道：「釋迦世尊，你的夙願尚未圓滿，你還不曾為雪域眾生轉動法輪呢。」

　　世尊回答說：「生息繁衍在雪域的眾生是很難調伏的，況復現在時機尚不成熟，尚有待來日仰仗像你這樣的菩薩，促使調伏他們的時機及早成熟並教化之。」觀世音菩薩又啟請道：「西方極樂世界怙主如來佛預見世尊行將涅槃，故讓我前來請求你暫勿示寂，不知世尊意下如何？」

　　世尊說：「我現在除了外道自然派和干達婆極喜王而外，其他所有化境已圓滿告竟。剩下的事只有為了讓那些懈怠之徒信解善法，進入空門而以身示滅而已。」

　　觀世音菩薩又問：「那麼北方雪域之地，世尊身之大駕未曾親臨，語之光輝不曾照耀，這又如何是好呢？」

　　世尊道：「要說那些生息繁衍在雪域的眾生，他們不曾蒙受如來教化，依然處於蒙昧黑暗之中，世代生息在自惡趣復往惡趣的人世間，但凡人死之後，就像雪花飄落海面，紛紛墮入三惡趣而絕無一人能逃避，故而有待將來由你這樣的菩薩去調伏。」

　　世尊話畢，觀世音菩薩即刻隱身離則達苑而去。他回到極樂世界後向大日如來佛奏曰：「世尊釋迦牟尼說，雪域非他所化境，將來應由我化之。」

　　如來佛說：「族善子，那些生息在雪域的眾生，誠屬難以調伏之有情。但凡那裡的人死後，便即刻往趨惡趣，墮入鐵牢般的無間地獄①。在將來適當的時候，你要以幻化神通先行摧毀無間地獄，爾後才能施之以教化。起初應以布施攝持眾生，然後要以佛法使其相繼成熟解脫，最後再普渡他們到佛國極樂世界我這兒來，我也將協助你調伏並從惡趣道拯救那裡的眾生。」

　　聽罷如來佛的敕諭，觀世音菩薩又啟奏道：「大日如來佛祖，我誓將那些與至尊及在下頗有緣分的雪域眾生，普渡到極樂世界的怙主您這兒來。」觀世音菩薩說完便告辭如來佛，前往娑婆世界，駐錫於天竺的聖地普陀山。

　　一日，世尊釋迦牟尼自胸際放射出五彩的光芒，旋即又收納於口中。弟子阿難陀見狀忙問：「世尊您這是怎麼了？」

　　「你去問彌勒慈尊好了。」世尊示意道。

　　慈尊回答說：「這是世尊即將涅槃的先兆。你們有什麼要問的就趕快去問，現在是最後的時刻了！」

　　弟子們聞悉世尊行將示寂，紛紛悲嘆道：「祖師如果入寂了，我等豈堪忍受哉！」當時就有五百羅漢幻化出上身流水，下身著火的樣子先行入滅，隨即大部分菩薩紛紛前往他方異土。

　　當時文殊菩薩與阿難陀尊者也在場，他倆對世尊哀嘆道：「往昔善男信女敬仰您，斷除疑惑仰仗您，施主布施依賴您，制戒六部②憑靠您，降伏外道全仗您。現在世尊要是入滅了，惡行弟子誰來制戒？徒眾疑惑誰來斷除？施主布施誰來收受？外道邪說誰來鎮伏？嗚呼哀哉，世尊去矣！」

　　世尊說：「在我涅槃後不久的將來，將會有證得念住總持的聲聞弟子們集結我之所說，眾等疑惑可憑藉我的經典斷除；六部惡行弟子原本是異方剎土佛的化身，他們將來會好自為之的；至於布施供養，可由我的聲聞比丘來維持；再則，為了鎮伏外道，弘揚善法，請造立我的替身像

49

即可矣。」

世尊話音剛落，帝釋天隨即承諾道：「請允許我帝釋天王做世尊三身造像的施主。」緊接著工巧天毗首羯摩承諾做造像的工匠；七十二護法神承諾做造像的侍衛；金剛手大勢至承諾做造像的持密；姊妹護法神承諾做造像的護法女。

隨後，釋迦牟尼自口中放射出三道光芒，一道射向彌勒慈尊，一道射向大梵天，一道射向羅睺羅尊者。這三道光芒一連照射了六天六夜。

「這是怎麼回事呢？」彌勒慈尊問世尊道。

世尊說：「你以為如何？不妨說來。」

慈尊答道：「莫非世尊行將入寂，這是示意我等為您造立替身像？」

羅睺羅尊者說：「這是命彌勒慈尊造立世尊的化身之像，命大梵天造立報身之像，命我造立法身之像。」說完，羅睺羅尊者與大梵天、彌勒慈尊相繼隱身而去。

不一會兒，羅睺羅尊者已將帝青寶石、碧玉、水晶和金銀珠玉等天界與凡間的無數珍寶拿來堆放在工巧天毗首羯摩的面前。工巧天用這些造像材料熔煉造立了一個瓶狀寶塔，以示世尊的法身面向四面八方。隨後又將它移上天空，以示世尊的法身一如蒼穹之廣大。此塔中柱長約大

梵天的一庹，塔身色澤湛藍，光彩奪目，功德妙勝，只要圍繞它行走七晝夜，便可獲得殊勝悉地果位③。此塔後來被空行佛母迎請到烏仗那呬嚕迦國，作為那裡的非人積聚資糧之所依，此塔被稱之為「無觸聖塔」。

沒多大工夫，大梵天也拿來了數不勝數的賽迷日、裝飾品和水晶石等奇珍異寶堆放在工巧天的面前。工巧天又用這些造像材料熔煉造立了一尊高約八十由旬的淺藍色圓滿報身佛像。此像也有其殊異功德，只要向它供奉禱祝，它便能使你在十二日之內到達「廣果天」④。這尊佛像被安立在前往天竺金島途中的一個湖泊中央。它被世間顯達諸神作為積聚資糧之所依。世人稱之為「調伏外道像」。

時隔不久，彌勒慈尊也將無以數計的珍寶拿來堆放在工巧天的面前。其中有因陀羅尼、因陀羅嘎巴、帝青寶（譯注：以上三種均屬藍寶石）、子母綠、紅蓮寶石等五種天神之寶，還有珊瑚、青金石、珍珠等凡人之寶以及介於神寶和人寶之間的五十五種碔砆。要為世尊釋迦牟尼造像，那麼他的身高該是多少呢？色界眾神說應是人的三十六肘，欲界眾神說應為人的十六肘，而波斯匿王⑤等人則說世尊的身高與其弟子阿難不相上下。

工巧天見諸說不一，便說：「那就讓我量一下世尊的身高吧。」於是他當著釋迦牟尼的面，把一條寶繩繫在世

尊的足趾上，打算從腳往頂髻丈量一下。可不知怎的，工巧天使盡渾身解數，一連往上拉了七次寶繩也沒能量到世尊的頭頂。其實，這時他已量到一個叫做「喜梵住」的佛國清淨世界。

工巧天問樂施菩薩道：「請問此地乃何方？這裡的至尊怎麼稱呼？」

樂施菩薩說：「工巧天，此地乃『喜梵住』清淨世界，這裡的至尊叫『喜樂吉祥如來佛』。」

工巧天又問喜樂吉祥如來佛道：「這裡距下界的娑婆世界有多遠？」

喜樂吉祥如來佛說：「此方剎土與下界娑婆世界之間相距之遙，就像這裡的極微塵一樣無以數計。你之所以能到達此界，正是釋迦牟尼為了顯示如來之軀無可度量，才作法讓你來到這裡的。若僅憑自身的本領，你就是竭盡一生之力也攀爬不了多高，永遠無望抵達此境。就連那些證得阿羅漢果位神通的大聲聞弟子和證得十地⑥的菩薩們，尚且無法見到世尊的頂髻，更何況你呢！釋迦牟尼的頂髻也就是如來之神通，別說一般的聲聞和菩薩，即便是大聲聞和大菩薩，其神變也無法凌駕於如來的神通之上。」

工巧天又請教道：「既然如此，我怎樣才能重返娑婆世界呢？」

喜樂吉祥佛說：「你只要憶念一下你師尊的功德，即刻就能回去了。」

工巧天照他說的剛一閃念，只一個揮揮手彎彎腰的工夫，就已回到了原來的地方。

如上所述，《大寶積經》卷首「無量身密品」中有記述。如是等情在奔塘吉曲寺也繪有壁畫。

釋迦牟尼復對工巧天毗首羯摩說：「方才我是向你顯示了一下如來佛的身高及其相好是無可度量的。請你為我造立兩尊替身像，其一是我的八歲等身像，另一是我的十二歲等身像。如果無人知曉我八歲和十二歲時的身高，你可去迦毗羅衛城找一位曾給我當過乳母的老嫗打聽打聽。」

這位老嫗被尋訪到後，她告訴工巧天說：「……大概與迦毗羅衛城涼亭門口的兩尊士男雕像一般高。」釋迦牟尼聞言瞥了乳母一眼，乳母會心地笑著說：「王子八歲和十二歲時，我曾陪他在迦毗羅衛城的涼亭附近嬉戲玩耍，涼亭門口有一裡一外兩尊士男雕像，分別與王子八歲和十二歲時的身高一模一樣。」

工巧天按照涼亭門裡邊的士男造立了一尊釋迦牟尼八歲時的等身像，又按照門外邊的士男造立了一尊十二歲等身像。這兩尊造像，目光環視徒眾，手執登地法印，足踩

八輻金輪，頭戴珠寶頂冠，渾身流光溢彩。座基上雕飾著
一百零八隻雄獅像和一百零八尊度母像；寶座的靠背上鑴
刻著《廣大遊戲經》和《十二行狀圖》；在光環的四周和
頸窩後精雕細鏤著三十五尊佛像和甘露漩王像；靠背的左
右兩側是舍利子、目犍連、阿難陀和須菩提等四大聲聞弟
子的雕像；靠背的後面鑴刻著四莊嚴⑦、七政寶⑧和八瑞
相圖⑨。佛像頭戴五種珍寶的五佛冠⑩，身穿百蓮圖案的
織錦緞。這兩尊造像中各安放了滅累佛、勝觀佛、寶髻佛
和飲光佛等三佛（譯注：原文如此）的聖物舍利各一摩揭
陀升；在造像的右乳部還安放了一個鴿子般大小的「義成
如意寶」。這兩尊造像集三身（法身、報身、受身）於一
體，凡被迎請所到之處，那些證得聲聞預流初果⑪、一來
果⑫、不還果⑬和阿羅漢的聲聞弟子及登地菩薩們，就會
像日光中的游塵一樣密密麻麻地聚集在它的周圍，故而這
兩尊造像所在之處，大乘佛法便會自然而然地弘揚光大。

　　這兩尊等身像是由工巧天毗首羯摩做工匠，天王帝釋
天當施主，彌勒慈尊奉獻造像材料造立的。金剛手說他既
然是三世諸佛的持密者，理應做替身佛像的持密並承諾司
其廟祝。大自在天的長子象鼻天承諾做替身佛像的供養施
主。至於造像的授位暨開光則由薄迦梵如來應正等覺佛陀
釋迦牟尼自己親自主持。

世尊釋迦牟尼宣稱：「我的替身造像將與世長存，一如我釋迦牟尼與世長在。外道邪說將被它鎮伏，佛教正法將長盛不衰。造像所安立之處便是世界的中央，它將替天人師如來應正等覺行道於天下。」

這兩尊造像最初都供奉在波斯匿王那裡。後來，八歲等身像被龍王目支鄰陀迎請到龍地益利眾生長達兩千年之久。其後，尼泊爾國王哈藍的上座比丘喜昧達曲巴德與堪布伽爾仙姆，以其神通得知釋迦牟尼的不動金剛像（八歲等身像）在龍王那裡，而龍王目支鄰陀正病魔纏身，龍體欠安。他倆便藉此機會給龍王治好了病，龍王遂將不動金剛像作為報酬獻給了他倆，只留下座基作為供奉之所依。（當時雙方還約定）當佛法衰微之時，此像將准許請回，而且人世間的所有供奉之所依，都將被迎請到龍地。釋迦牟尼的無座八歲等身不動金剛像連同華蓋裝飾，就這樣被比丘喜昧達曲巴德和堪布伽爾仙姆從如來沐浴湖迎請到了尼泊爾，並在那裡益利眾生兩千年之久。至於這尊八歲等身像後來又是如何被迎請到吐蕃的情形，詳見下文松贊干布迎娶尼妃赤尊一章。

色界眾神請工巧天造立了一尊身高為三十六肘的釋迦牟尼替身像。此像被大梵天迎請到色界作為色界眾神積聚資糧之所依，這尊造像不曾被他方再度延請。

　　欲界眾神請工巧天造立了一尊身高六十肘的釋迦牟尼替身像。此像也被六部聖比丘迎請到了尼泊爾，而且沒有被他方再度迎請而遷移。

　　釋迦牟尼的十二歲等身像，最初被帝釋天連同座基、靠背、頂冠及華蓋一併迎至兜率天界五百年後，被烏仗那的空行佛母等迎請到烏仗那地方益利眾生又五百年。兜率天界只留下了華蓋。其後又被天竺的成道班智達，除留下頂冠之外，連同座基、靠背一併迎抵天竺安立在那蘭陀寺，在天竺益利眾生又五百年。至於此像後來又是怎樣被迎請到漢土的情形詳見下文。

　　世尊釋迦牟尼涅槃之後，那些聲聞大弟子們也隨即從胸口噴出烈火，自焚其身，化為烏有，而地界菩薩們則紛紛為各自的化機而各奔東西。

　　後來不久，有五百之眾的上師比丘聚集在一個叫「甲日阿修羅祕窟」的岩洞裡，集結了世尊釋迦牟尼所說三藏⑭，並由工巧天書記備忘。由此可見，比丘理應是佛陀教法的主持。

　　當佛入寂百年之際，為使佛法永不湮滅，五百比丘在廣嚴城集結了世尊初轉法輪的三藏要義，輯纂成《大毗婆沙論》三百函。這便是最早的佛教典籍。世尊入寂四百年頃，龍樹大師降世並攝中轉法輪要義，撰著《中觀理聚六

論》等經論。世尊入滅九百年之後，又有彌勒慈尊說《慈氏五論》，廣釋三轉法輪之精要，並使之廣為正確觀見，清淨修習。

此後又過了五百年許，摩揭陀國有一位成道者為修習光明主母本尊而前往東方高帕拉城。他在城中遇見一位身邊帶著兩個孩子，披頭散髮正捶胸頓足號咷大哭的女人，便上前問道：「夫人為何如此悲傷？」

那女人泣訴道：「這下該輪到我的孩子當國王了。」

「這有什麼好哭的呢？」成道者又問。

女人答道：「一旦當了國王，我的孩兒就沒命了！」

成道者說：「既然如此，可不可以讓我來當這個國王呢？」

「那就悉聽尊便吧！」那女人求之不得地說。

傍晚，城裡的人們都聚集在王宮前，為這位不速之客授權加冕，並說：「百姓若無君主，則法度廢弛，國無寧日……」

到了半夜時分，這位成道者仍坐在國王的寶座上。忽然，一龍妖喬裝的王妃蛇行般地悄悄湊上前去剛要對他下毒手，結果反倒被成道者給殺了。

拂曉，人們原以為那個內道（指佛教徒）國王已遭龍妖所害，敲著鑼打著鼓前來為他收屍，可萬萬沒料到他還

活著。

這位裝扮成國王的成道者說：「我已將專吃國王的龍妖收伏了，現在該輪到誰當國王，你們就讓他當國王好了。」

大家懇求他說：「就請閣下當我們的國王吧！」

於是，這位名叫「達巴」（無垢）的成道者就當了他們的國王。達巴後來生有一子，名叫「達磨婆羅」（法護）。達磨婆羅的兒子叫「帝巴婆羅」（天護）。

達磨婆羅即位以前，世尊釋迦牟尼的十二歲等身像已在那蘭陀寺安立並益利眾生四百年。後來因恐毀於異教兵燹，這尊佛像被轉移到易守難攻的阿丹達布日寺（能飛城寺），又安住了一百年。達磨婆羅王在位期間，異教徒大舉入侵摩揭陀，摩揭陀國王一敗塗地。那蘭陀的八怙主神殿和八度母神廟等許多寺廟殿宇被夷為平地，高僧大德慘遭殺戮，佛經典籍全被焚毀，佛教善法瀕臨毀滅。

就在這兵連禍結之際，達磨婆羅王派使臣向蓋希萬門漢皇告急求援說：「嗚呼，我有普渡眾生之善法，竟無端遭異教徒妒仇！在異教徒和杜日嘎軍隊的鐵蹄下，我佛善法瀕臨絕境。漢皇陛下天下無敵，敦請火速發兵救援。」

漢皇不僅答應出兵，還特意贈給達磨婆羅國王兩樣禮物。其一是無論怎麼穿著，胸前都有吉祥結的兩件無縫織

錦大氅。達磨婆羅將其中的一件又奉送給了跋嘎羅國王，以求他也派兵援救。這樣一來，漢軍、跋嘎羅軍以及法王達磨婆羅的軍隊分兵合力，一舉擊潰了異教徒和杜日嘎的大軍，並搗毀了異教徒的神殿，徹底征服了外道異教。漢皇的另一樣禮物便是後來幫助達磨婆羅王修復寺廟，繕寫經籍，重振法度，使佛法昌興如昔。

　　所有這一切都是漢人的恩德，達磨婆羅王一心想回報漢皇，又苦於無可奉獻。他怕人說他身為一國之君，卻知恩不報。為此，他坐臥不寧，寢食難安。正當國王左右為難之際，有人傳來漢皇旨意說：「天竺佛法昌盛，漢地善法方興，你若知恩圖報，就請將佛寶依處——釋迦牟尼十二歲等身像，法寶依處——《無量瀑流經》、《大乘密嚴經》、《律嚴經》、《佛說大乘莊嚴寶王經》，僧寶依處——經部論師、對法論師、持律上師和波羅蜜多師等四部比丘送給我就行了。」

　　達磨婆羅王與長老、高僧、施主等再三商議，予之不忍，弗予不行，最後還是決定把世尊十二歲等身像和上述四部佛經、四部比丘作為回報漢皇的贈禮，用船送往漢地。從此，漢地得以佛法興盛，萬事如意（天竺阿丹達布日寺僅保留下了世尊十二歲等身像雕有十二行狀圖的後背）。至於這尊無座基和後背的十二歲等身像，後來又是

怎樣被漢妃文成公主作為自己的供奉，由天樂和龍喜兩位大力士送到吐蕃並安立在小昭寺大威德龍殿的有關情形，詳見松贊干布迎請文成公主一章。

此外，有關「不語佛像」的造立，有這樣一段傳說：

在世尊涅槃八十年之際，一位名叫摩訶欽布的婆羅門人有三個兒子，老大名叫摩訶薩美，老二叫布薩美，老三叫匝扎薩美。

有一天，一向和睦相處的三兄弟爭吵了起來。當他們一個個淚汪汪地回家後，母親問他們說：「你們餓了有吃的，冷了有穿的，你們這是怎麼啦？」

老三訴說道：「我們不是凍著了，也不是餓著了，而是因為我說佛法僧三寶最好，內道佛教最好，可他倆硬是說大自在天最好，外道異教最好。我們爭執不下，這才吵了起來。」

母親說：「究竟誰是誰非，你們一同向北翻過七座黑山嶺，到岡底斯山去問問大自在天就明白了。」

母親說罷，又給三兄弟每人腳底下抹了些神行藥膏，讓他們騰雲駕霧而去。三兄弟到了岡底斯山後，看見山腳下有三位天女，正拎著精美的花籃採擷五顏六色的鮮花。便上前問道：「你們採集鮮花幹什麼？」天女回答說：「大自在天要用鮮花供奉聲聞聖者。」

　　三兄弟跟隨天女來到一處地方，見大自在天正在向世尊的聲聞弟子禱祝。不一會兒，眾聲聞弟子從天而降坐在鋪好的坐墊上，大自在天向他們又是供奉又是獻花，眾聲聞弟子旋即又隱身消逝在碧空中。

　　婆羅門三兄弟隨後問道：「大自在天神，請問究竟是內道佛教好，還是外道異教好呢？」

　　大自在天說：「我雖可速成今生之共通悉地，卻無法獲得來世之斷證菩提。我之所以要供奉眾聲聞聖者，也正是為了能得到來世的安樂。今天你們不也都耳聞目睹了嗎？」大自在天說罷又口占一頌曰：「至尊上師天上天，供奉之所應供處，三界無與倫比者，至高無上薄迦梵。」兄弟幾個這才恍然大悟，果然是佛法至妙至善。

　　回到家後，三兄弟向母親敘述了他們的所見所聞。母親這才說：「我早就知道佛法至善，但如果我當時就這樣告訴你們的話，你們會以為我持有偏見。」

　　兄弟幾個又問母親，若是皈依佛教，應在何處安立供奉他們各自的依怙神像。母親對老大說：「世尊釋迦牟尼曾於坐落在雪山之脈、恆河之畔的婆羅奈斯地方迦尸圓波羅奈城的鹿野苑初轉四諦法輪，你就在那兒有金剛石的地方安立供奉你的依怙神像。」

　　接著母親又告訴老二說：「在世尊釋迦牟尼中轉無相

法輪的王舍城鳥鳴竹林園，有一處叫八聖地的地方，你可在那裡安立供奉你的依怙神像。」

隨後母親囑咐老三說：「因為你一開始就崇信佛法，所以你安立供奉神像的地方，要比你兩個兄長的地方更為妙好。在恆河岸邊的浴佛湖畔，有一處水牛臥過的地方，埋著一棵白旃檀樹，你把它挖出來用白乳牛的乳汁洗刷乾淨，再讓四名少女把它研磨成粉末後包起來。然後你在金剛座世尊曾作『無漏禪定』的地方，砌一個外形像塔，裡面是屋的磚塔，再把白旃檀粉包放入塔內。過了六個月零六天，你的神像便會自然出現。」

就在老三依照母親的吩咐一一照辦的時候，摩揭陀城裡有一位船老大要出海打撈珍珠，臨行前他父親讓他順便買一個「別人都不要的東西」回來。他覺得老爺子這話說得有點叫人摸不著頭緒，不過他還是答應了。

當他和珠寶商滿載而歸時，船艙裡突然冒出一個渾身藍烏烏的怪人，珠寶商都說這不速之客是歹徒，就把他五花大綁起來準備處死。這時船老大忽然想起了臨出海時父親的囑託，心想莫非此人便是那個「別人都不要的東西」。於是，他就索性用自己的那一份珍珠把這怪人贖了下來。不料，這傢伙縱身一躍跳進了大海，手裡舉起一個長約一肘，兩端鑲著兩個球形子母綠寶石的寶物，口中喊

道：「恩公救我一命，我獻此物謝恩。」船老大喜出望外，心想這兩顆子母綠寶石，豈不正好可以作匝扎薩美神像的眼珠嗎！船一靠岸，他就迫不及待地將那兩顆寶石輕輕磕下，拿去送給了匝扎薩美。匝扎薩美隨即把這兩顆寶石從一個小孔放進了磚塔。

到了六個月零五天時，母親對匝扎薩美說：「兒啊，請打開塔門，讓我看看你的神像究竟像不像佛陀。」

匝扎薩美說：「現在開門為時尚早，還差一天就到時間了。」

母親央求兒子道：「我怕是活不到明天了，除了我再沒人見過佛陀，我要是不親眼看看，就沒人知道它究竟像不像佛陀。」

兒子無奈只好打開了塔門。老母親看過後告訴兒子說，你的這尊神像與佛陀有八處不像，並一一描述道：「佛陀的頂髻肉眼看不見，而此像的頂髻肉眼看得見；佛陀的頭髮烏亮，而此像的青絲發藍；佛陀眉宇間有益利眾生的旋毫，而此像沒有；佛陀有不同種族的人們都能用各自的語言聽得懂的法音，而此像無有；佛陀能以四威儀⑮利樂眾生，而此像不能；佛陀不用動手即可穿著信徒奉獻的衣物，而此像須他人穿戴；佛陀身上有一庹周圓的光環，而此像沒有；佛陀能放射出無量的光芒，而此像則不

能。除此而外，這尊佛像的神通威力和妙勝功德一如佛陀。」

兒子又問母親：「那麼我的這尊依怙神像會有怎樣的殊勝功德呢？」

母親告訴他說：「至於說到它的殊勝功德，將來外道異教徒與內道佛教徒要一比各自偶像的高下時，儘管各自都有互不頂禮對方偶像的誓約，然而異教徒一見你的這尊依怙神像，就會身不由己地頂禮膜拜。若參拜這尊神像，進謁時令人忘乎一切，退下時使人不敢背向。」據說後來果真如此。

老三匝扎薩美的這尊依怙神像被稱之為「天成摩訶菩提」，今存天竺金剛座；老大摩訶薩美的神像叫做「法輪」，今存那蘭陀寺；老二布薩美的神像叫做「金剛持」，今存阿丹達布日寺。

婆羅門摩訶欽布老兩口的這三個兒子，各造立了釋迦牟尼的替身神像一尊，分別安立於金剛座、那蘭陀寺和阿丹達布日寺。他們的這位老母親去世後，屍骨竟全都化成了舍利子。

化身教化眾生之第三章竟。

注釋

① 無間地獄：梵音譯作阿鼻地獄。八熱地獄之一。

② 六部：釋迦牟尼的六眾聲聞弟子：難陀、鄔難陀、阿說迦、補捺婆素迦、闡陀、鄔陀夷。佛制戒多緣此六比丘而起。

③ 殊勝悉地：至高無上的成就，即佛位或佛果。

④ 廣果天：四禪天之第三層。住於此界諸天之福澤，廣於自此以下餘諸凡夫福報所感同分善果，故名廣果天。

⑤ 波斯匿王：古印度舍衛國國王勝光王。相傳他與釋迦牟尼同年、同月、同日生。

⑥ 十地：大乘菩薩十地，即：歡喜地、離垢地、發光地、焰慧地、極難勝地、現前地、遠行地、不動地、善慧地、法雲地。

⑦ 四莊嚴：戒莊嚴、定莊嚴、慧莊嚴和陀羅尼莊嚴。

⑧ 七政寶：即金輪寶、神珠寶、玉女寶、主藏臣寶、白象寶、紺馬寶和將軍寶。

⑨ 八瑞相：吉祥結、妙蓮、寶傘、右旋海螺、金輪、勝利幢、寶瓶和金魚。又作：鏡、酪、長壽茅草、木瓜、右旋海螺、牛黃和白芥子等八吉祥物。

⑩ 五佛：大日如來、不動如來、寶生如來、無量光如來和不空成就如來。

⑪預流初果：初入聖人之流。

⑫一來果：四沙門果中，已斷欲界修斷六品以下諸惑，尚須返還欲界

　　一次者。

⑬不還果：四沙門果中，已斷欲界九修所斷，不須返還欲界中者。

⑭三藏：經藏、律藏和論藏。

⑮四威儀：佛與菩薩的行、坐、臥、住四種起居威儀。

第四章　布施攝持眾生

　　忽然有一天，獼猴禪師正在坐禪時，一岩羅剎女裝扮的雌猴來到他面前，一會兒揚土，一陣子露陰以求交配，就這樣一連折騰了七天七夜。

——題記一

　　觀世音菩薩手掬一捧金沙對他說：「你的子孫後代最終將依靠黃金生存。在他們中間將有超凡的菩薩相繼如期而至。」說罷，觀世音將手中的金沙撒向雪域吐蕃，以示對獼猴禪師與岩羅剎女婚配的褒獎。與此同時，觀世音菩薩又為雪域吐蕃時時可在本土開採寶藏，每每能從域外招財進寶，常常將有超凡的菩薩紛至沓來而作了加持。

——題記二

　　世尊佛陀有道是：密宗事部三怙主，護佑贍部洲眾生，一如悲憫孤哀子。

　　金剛部薄迦梵金剛手依怙主住於楊柳宮①，為南贍部洲西北方的阿修羅②宣說善法；佛部薄迦梵文殊依怙主卜居聖地五台山，為南贍部洲東北方的荼吉尼③宣說密乘內道法；蓮華部薄迦梵大悲觀世音依怙主駐錫普陀山，係念利樂贍部洲東南方的諸有情；世尊薄迦梵釋迦牟尼誕生於烏仗那班瑪④地方，後來在楞迦山大寒林為空行母等眾神宣說密乘佛法。

　　大悲觀世音菩薩為了益利北方雪域眾生，他自贍部洲東南方的聖地普陀山，觀見雪域眾生依然自生自滅在地獄裡，尚不勝法器。於是他化身為十一面千手千眼佛，將雪域吐蕃地底下一百由旬處的餓鬼域，及其再下一百由旬處如鐵箱般嚴實的無間地獄用光芒罩住，看上去其上好似華蓋垂落，其下猶如蓮湖蕩漾，四周彷彿被迦遮鄰底迦的綾羅纏繞。地獄裡凡看到這番情景的有情，一個個奔走相告

69

說：「啊，難兄難弟們，怎麼一看見那位膚若君陀花，頭上有頂髻，渾身飾珍寶的妙欲之者，一下子就感到爽快了呢？」他們說著長舒一口氣便死而復生，轉生為三十三天之神而永世不再下地獄了。

大悲觀世音菩薩日日夜夜都在瞻念調伏雪域眾生之事，他自普陀山遙望北方雪域，但見那裡依然是如來未曾駕臨，佛光不曾照耀，善法尚未傳入，到處茫茫黑暗，四野罕無人跡的莽原荒野，只有飛禽走獸在這裡自惡趣復往惡趣，就像雨水落進大海，永無復返之望。

雪域吐蕃之地，其上部三界為雪山、岩山和片石山所環抱，這裡出沒著獅狼虎豹等各種食肉猛獸和鹿獐野羊等各種食草動物；中部三界為草山、石山和森林所環繞，這裡生息著岩魔女、猿猴和熊羆等有情旁生之類；下部三界被草原、叢林和江河湖泊所圍繞，這裡棲息著大象、河馬、海牛和各種飛禽。此地上、中、下三界罕無人跡，故觀世音菩薩也就無所化機可言。

曾幾何時，在羅剎之境楞伽城，十頸羅剎王與羅跋那天王為一美貌無比的仙女而失和。在這場爭鬥中，大力猴哈黎摩達（觀世音弟子的化身）不知所從，便逃回到普陀山觀世音的身邊。觀世音問他願不願去北方雪域的深山中修煉，大力猴欣然應諾。於是觀世音便教之以離苦修行之

術，授之以居士之戒，傳之以深奧廣博之法，並給他起名叫「獼猴菩提薩埵（又譯獼猴禪師）」，隨後就讓他前往北方雪域的深山中去修行。獼猴禪師藉其神通轉眼間就來到雪域吐蕃之地。他在群山疊嶂中覓得一岩洞，便住下來開始修行。

忽然有一天，獼猴禪師正在坐禪時，一岩羅剎女裝扮的雌猴來到他面前，一會兒揚土，一陣子露陰以求交配，就這樣一連折騰了七天七夜。好在獼猴禪師能作離苦修行之法，才不致為之所動。到了第八天，岩羅剎女又變化成一個妖豔的妙齡女子，媚態百出地硬是要與他交歡縱欲。獼猴禪師心想「有縫必透風，造孽定招魔」，所以他拿定主意，照舊不理睬她。

這女子央求道：「你就答應與我成婚吧！」

「我是大悲觀世音菩薩的近事男，萬萬造次不得。」獼猴禪師拒絕道。

岩羅剎女化身的這女子又威脅道：「你要是真的惹惱了我，我便就此結束自己的性命，甘願永遠輪迴於惡趣道！」

獼猴禪師心想：要是與她成婚，就要敗破戒規，若是不與她交媾，她就會自尋短見墮入惡趣道，這樣不僅罪孽更大，還會壞了菩薩的德行。他眼睜睜地盯著這妖豔女

71

子，整整瞅了一夜，也沒想出個如何是好的辦法來。思前想後不禁悲從中來，萬般無奈之下，他想還是去請教請教觀世音菩薩的好。於是他又騰雲駕霧回到普陀山告白觀世音菩薩道：「弟子遵命前往雪域修行，不料有一岩羅剎女非要與我結為夫妻不可，以至尊之見，如何是好呢？」

觀世音菩薩欣然俞允道：「既然如此，那就與她成婚好了！」當時至尊救度母也在場，她也「善哉！善哉！」連連稱許。觀世音菩薩隨即賜予他三樣獎賞：一是五穀種子，二是加持寶藏開採，三是認其後嗣為佛之嫡系。

獼猴禪師唯恐那岩羅剎女等不到他而自尋短見，又藉其神通風風火火地趕回雪域岩洞與那岩羅剎女成了婚。

岩羅剎女懷胎十月後生下一子。這孩子長得既不像其父，也不像其母，臉面赤紅，沒長猴毛也沒長猴尾，餓了吃生肉，渴了飲鮮血。孩子出生不久，有一天岩羅剎女飢不擇食，竟然要吃掉孩子充飢。獼猴禪師只好把他背到孔雀林中，暫且讓他與猴群一起生活。

轉眼間一年過去了，獼猴父又來到孔雀林想看看他的兒子怎麼樣了，豈料這孩子已與林中的雌猴群交生養下四百來個子女。這些後代既不像祖父，也不像父母，身上無毛無尾，不善攀援採擷，終日食不果腹，一個個餓得苟延殘喘，氣息奄奄。看到這般情景，獼猴禪師頓生悲憫之

心，他終日四處採
集野果給兒孫們充
飢，直把他這個當
祖父的弄得渾身脫
光了毛，手腳裂開
了口，就連尾巴也
被磨得像根乾柴

傳說獼猴禪師和岩羅剎女結合成為藏民族的祖先

棍。他如此辛勞也只不過勉強維持了這群逆子的一息生
命，獼猴禪師禁不住黯然神傷。他痛定思痛，心想我何故
要遭如此報應呢？這難道是成了婚的罪過？要麼就是依了
觀世音菩薩的過錯！我得去見見觀世音，問他個究竟。

　　獼猴禪師又回到普陀山向觀世音菩薩施過禮後訴說
道：「嗟乎，弟子我怎麼就不曾明白家室就是輪迴的牢
獄，女人就是魔鬼的鎖鏈，後代就是生死的延續，交歡就
是劇毒的花束呢？我慈悲為懷，竟誤陷淫邪之潭，又遭苦
難之大山壓頂；既中煩惱之毒，又受厄運之疫癘侵害。真
是苦不堪言，雪上又加霜；身陷囹圄，作繭來自縛；鬼迷
心竅，自投疑惑網。至尊啊，我與岩羅剎女成婚後生養下
那許多不肖子孫，眼下他們食不果腹，正處在飢寒交迫的
苦難之中。我身陷如此困境，又如何去撫養他們呢？我這
是依了至尊您的旨意才落得如此下場的啊！既然他們今生

73

已是餓鬼，來世定下地獄。祈請至尊大慈大悲救救我們吧！」

觀世音菩薩說：「你的子孫後代將分為父系和母系兩大類別。凡屬父系的後裔，他們大都虔誠敬信，善良聰明，勤奮克忍，大智大勇。他們不為佛法空性奧義而畏怯，不為幾許福德資糧而倨傲，也不為略具善根而矜誇。他們（現在看上去）手腳不閒，不是撿石子就是攀樹枝；目不定睛，不是左顧就是右盼。但凡此屬皆能行菩薩之道，弘佛陀之法，故謂『大智大勇菩提薩埵』之種。而屬於母系的後代，大凡無信仰，不恭敬，少悲憫，寡才智，乏勤奮，難克忍，好女色，易暴怒，愛妒忌，妄自高，愚拙笨，慳施捨，啖生肉，飲鮮血，貪錢財，圖謀利，愛起鬨，遮己醜，喜人過，看人小，視己高，不行善，樂作祟，體壯實，心毒惡，人暴戾，難調伏。故名『食虱啖肉旃陀羅』之種。既然你祈請我拯救他們，我會讓你如願以償，彼等終將會臣服於君王治下的。」

獼猴禪師哀嘆道：「至尊大悲觀世音菩薩，眼下我拿什麼養育他們呢？實在是苦不堪言啊！」

大悲觀世音菩薩賜之以青稞、小麥、穀子、豌豆和小豆等五穀種子，並說：「獼猴禪師，你的子子孫孫就以這五穀為食吧。」

　　獼猴禪師帶著種子臨行之前，觀世音菩薩手掬一捧金沙對他說：「你的子孫後代最終將依靠黃金生存。在他們中間將有超凡的菩薩相繼如期而至。」說罷，觀世音將手中的金沙撒向雪域吐蕃，以示對獼猴禪師與岩羅剎女婚配的褒獎。與此同時，觀世音菩薩又為雪域吐蕃時時可在本土開採寶藏，每每能從域外招財進寶，常常將有超凡的菩薩紛至沓來而作了加持。

　　獼猴禪師返回雪域後，他看好一處地處吐蕃腹地，地勢平緩祥和，氣候溫暖適宜，花草果木茂盛，風光勝似摩揭陀的地方播撒下了五穀種子。

　　夏三月間，獼猴禪師和他的子孫們一起在孔雀林中暫且聊以度日。到了金秋時節，他便帶著子孫們來到種植五穀的地方。望著這杏黃一片、五穀豐收的景象，他激動萬分地對兒孫們說；「吃吧，盡情地吃吧！這就是至尊大悲觀世音賜給你們的五穀之食。」那四百子孫這下可樂壞了，他們覺得食五穀比嚼野果味美可口。他們數著穗子，那萬萬千千的穗子怎麼也數不清楚，這地方由此而得名「雅隆⑤赤塘」；他們吃飽了喝足了，不是騰躍忭舞，就是追逐玩耍，所以這地方又叫「雅隆澤當」，也叫「雅隆沃喀久塘」。這個原先叫「雅隆索塘⑥」的地方，便是吐蕃先民最早的定居之地。

75

　　然而好景不常，猴子猴孫之間因發生糾紛而失和，彼此爭強鬥勝互不相讓，遂分化為四個部族。老祖父獼猴禪師對其子孫後代經過一番審視後，根據各部族其中某一成員的長相特徵，分別命名了部族之名。

　　所謂「董氏部族」之名，是因為該部族中有一個「那董艾」（意為塌鼻梁）的人，就把這個部族起名為「董氏」。該部族號稱有「十八大部落」。

　　所謂「東氏部族」，是因該部族中有一個「占夏東艾」（意為瘤腮幫）的人，所以把這個部族起名為「東氏」。該部族號稱有四大八小部落。

　　所謂「色氏部族」，是因該部族中有一個「告色樣艾」（意為棕褐髮）的人，該部族也就起名為「色氏」。該部族號稱有「久黎柬九部落」。

　　所謂「穆氏部族」，是因該部族中有一個「茨哇穆告艾」（意為紫嘴巴）的人，該部族也就起名為「穆氏」，該部族號稱有「高黎差八部落」。

　　董、東、色、穆四大部族為內族之四大土著部族，亦即雪域吐蕃最早的先民。

　　大悲觀世音菩薩曾向大日如來等諸佛承諾，他一定要攝持雪域眾生並讓彼等成熟解脫，受持教化。如此說來，他的諾言已付諸實施。

大悲觀世音菩薩布施攝持雪域眾生之第四章竟。

注釋

①楊柳宮：金剛手菩薩和多聞天子所居宮殿。

②阿修羅：非人、空行之類，與天為敵且好鬥。

③荼吉尼：空行母，即證得殊勝成就的瑜伽行母。

④烏仗那班瑪：烏仗那即古印度西部因陀羅提王國名，今阿富汗。班瑪，藏語所指地望未詳。相傳釋迦牟尼誕生地是迦毗羅衛國藍比尼（亦譯臘伐尼），即今尼泊爾南部波陀利耶村羅美德寺院所在地。

⑤雅隆：西藏自治區山南地區乃東縣境雅拉香波河流域總名。雅隆一帶是古代藏族的發祥地之一，是松贊干布以前吐蕃贊普的王室所在地。其地名由來，說赤塘意為「麥穗千千萬萬的田野」；說澤當意為「玩耍的地方」；說沃喀久塘意為「沃喀（山南地區一地名）戲耍奔跑的地方」。

⑥雅隆索塘：為當地古時候的原地名。後來把此地叫做「雅隆赤塘」的原因是：「雅隆赤塘」的「赤」，是數詞「萬」的意思。該書中說，獼猴禪師和他的子孫們，「他們數著穗子，那萬萬千千的穗子怎麼也數不清，這地方由此而得名『雅隆赤塘』」。

第五章　氏族與王統史

　　觀世音菩薩明察到，這些眾生絕非溫文爾雅所能調伏，須依法而治方能教化。這就需要有能主宰萬民的權威，而至高無上的權威，非君王莫屬。既然如此，他想，不妨自己就化身為吐蕃君王，親自來教化雪域的芸芸眾生。

——題記

　　有授記說，獼猴禪師的四百子嗣因爭鬥失和而分化為董、東、色、穆四大部族。祖父獼猴禪師坐中為他們劃分領地，四分天下為「衛藏四如」①：即衛地分為夭如、烏如，藏地分也如和運如。董氏部族轄夭如，東氏部族轄也如，色氏部族轄運如，穆氏部族轄烏如。至於其他分法，後世贊普另有其劃分之法。除此而外，吐蕃域內還有無所歸屬的所謂「康布劣種七部族」：一是葛邏姜語部族，二是給列人肉部族，三是栗布狐裘部族，四是甲茂吉喬部族，五是牢博赤目部族，六是道日青足部族，七是悶博共和部族。另外，獼猴禪師與岩羅剎女的後裔中還出現了三位「勇猛壯士」：一個叫「眼明」，一個叫「耳聰」，還有一個叫「手快」。

　　大悲觀世音菩薩曾向至尊阿彌陀佛等諸佛發誓說，他終將要讓雪域吐蕃眾生相繼成熟，獲得解脫。然而雪域眾生乃旁生之後，要想調伏，談何容易！觀世音菩薩明察到，這些眾生絕非溫文爾雅所能調伏，須依法而治方能教

化。這就需要有能主宰萬民的權威，而至高無上的權威，非君王莫屬。既然如此，他想，不妨自己就化身為吐蕃君王，親自來教化雪域的芸芸眾生。

說到君王，最早的君王應是初劫②時的眾敬王③。有關眾敬王的來歷，茲述如下：

遠在洪荒太古，情器世間初形成時的那一大劫叫做「妙樂劫」，亦即「初劫」。此後相繼形成復又壞滅的大劫依次是「具賢劫」、「見喜劫」、「具樂劫」。繼而又經過了一個「一無所有，空空如也」的漫長年代之後，憑藉眾生共同的業力、福分與諸佛及從菩薩的慈悲和發願之力，漸次又形成了諸有情現在所處的這個「賢劫」。

所謂「賢劫」的形成情形是這樣：

在茫茫宇宙空間，先是形成了一個堅不可摧的巨大風輪，在風輪之上又形成了一個由各種物質聚集而成的雲層，雲層中降下大象陽具般的滂沱大雨，形成了一個藍灰色的巨大水輪，水輪在疾風勁吹下形成了奶皮般金黃色的土輪（大地）；土輪之上飄著寶雲，寶雲降下寶雨又匯成寶海；在疾風鼓蕩之下，寶海中漸漸又形成了須彌山和圍繞在它四周的七重金山、七遊戲海、鐵輪圍山和外海以及四大八小洲。

與此同時，又陸續出現了「四大色法之王」，即山王

須彌山、石王阿爾瑁麗伽（一種寶石）、木王如意寶樹和海王瑪旁雍措。繼而又出現了「四種心法之王」，即飛禽之王鯤鵬、百獸之王雄獅、旁生之王大象以及殊勝成就人類之王眾敬王。人類之王又分世襲之王、封授之王、佛法之王和突現之王四種。其中世襲之王和佛法之王同宗，而封授之王和突現之王也與上述二王係同一傳承。

很久以前，光音天界④有兩位名叫「具力」和「力友」的天神之子，他倆當自己天神的壽數和福德行將畢竟時，因錯亂了天地之分而誤入凡塵俗世，從瞻部洲的兩個花蕾中化生而出，長得似人非人，似神非神。他倆剛開始吃的是段食、觸食、思食和識食等「四食」⑤。稻米等五穀是後來才有的。

那時的人們壽命很長，男女既無生殖器官之分，也無交媾淫欲之行，目目相視即可生兒育女。人們無須勞作，以大地出產的地醍醐為食。那時的人沒有各自的姓名，後因人口日眾，故名「眾生」。

光音天天子具力目視力友，力友便生下一子叫「大天力子」。大天力子以白酥油狀的地醍醐為食，身上發光，享年一小劫。當他身上的光芒漸漸消失之後便進入一黑暗劫。大天力子的後嗣相繼為大天當賢、大天日迪賢、大天庫巴當迴。他們以牙皂花狀的地醍醐為食，身體都能發

光，黑暗劫復得光明，住一小劫。當這一小劫完畢，他們各自身上的光芒漸漸消失，隨之又進入一黑暗劫。嗣後大天庫巴當迴的後裔相繼為大天近吉祥、大天吉祥德光、大天華威、大天王勝和大天樂勝。他們以蘑菇狀的地醍醐為食，自身也能發光，黑暗劫重現光明，住一小劫。這時候的人相互擁抱才能懷孕生育。當這一小劫行將結束時，他們身上的光芒也已殆盡，隨之而來的又是一黑暗劫。到了大天樂勝的後嗣大天持明炬的時候，天空中出現了太陽和月亮。憑藉日月之力，大地上生長出一種晨收夜長、夜剗晨生，穗子金燦燦、味道香噴噴、好處說不盡的稻穀。人們吃了這種東西以後，便開始有了男女性別（生殖器官）之分。

不久以後，有些人開始把自己本應次日收割的一份稻田連夜就搶收了。後來這樣的人愈來愈多，人們都爭先恐後地搶收稻穀，據為己有，隨之便出現了占有現象。而身殘體弱者也就自然而然地喪失了本該屬於他們的那一份稻穀。

看到這種情形，儀表非凡、為人正直的大天持明炬便出面一視同仁地給大家公平分配稻米。這樣一來，他自己應得的那一份也被分光了，於是人們又每人拿出一淘籮稻米集中起來送給他。他由此而取信於民，人稱「淘聚

王」。因為很多人都向他敬奉稻米並擁他為王，所以他又叫「眾敬王」。從那時起，男女之間出現了性欲和交媾行為，隨之也就開始有了遮羞避嫌的房屋宅舍。天上日月的出現，人間男女的交歡，都是從眾敬王時開始的。

眾敬王是最早的國王，其後嗣相繼為美光王、淨善王、殊善王、長淨聖王（亦名多羅根王），長淨聖王自顱頂生出一子名叫頂生王。以上六王即所謂「初劫六王」。

頂生王的後嗣相繼為華美王、近華美王、具光美王、妙賢王和普光王。自普光王又傳八萬四千代，皆出自普陀洛伽城；其後（譯注：「其後」指上一世系傳承中的最末一位國王，下同）伏敵王又傳五萬四千代，皆出自兵無侵城；其後兵勝王又傳三萬六千代，皆出自鹿野苑城；其後能忍王又傳八萬四千代，皆出自格瑪巴拉城；其後象佑王又傳三萬五千代，皆出自安石城；其後子男王又傳三萬二千代，皆出自日宮城；其後暑伏王又傳五萬二千代，皆出自兵勝城；其後賜勝王又傳三萬七千代，皆出自嘎廈格爾城；其後杰布德王又傳三萬二千代，皆出自贊巴拉城；其後龍天王又傳二萬五千代，皆出自多羅樹蔓城；其後人天王又傳二千代，皆出自達瑪勒城；其後海天王又傳一萬八千代，復出自鹿野苑城；其後智賢王又傳二萬五千代，皆出自王舍城；其後除暗王又傳一百代，復出自鹿野苑城；

其後大自在天部王又傳八萬四千代，皆出自乍堅城；其後
大海部王又傳一千代，復出自普陀洛伽城；其後苦行王又
傳八萬四千代，復出自乍堅城；其後土面王又傳十萬代，
復出自鹿野苑城；其後地祇王又傳十萬代，復出於兵無侵
城；其後持地王又傳八萬四千代，皆出自穆勒城；其後大
天王又傳八萬四千代，復出自穆勒城並奉行梵行；其後轂
輞王又傳四萬零六百代，皆出自光顯城；其後堅車王又傳
七萬七千代，皆出自普現城。

其後是訖栗枳王，此王與伽葉佛同時代，他的王子叫
妙生王。妙生王又傳百代，皆出自普陀洛伽城；其後是大
耳日光王，他有兩個王子，一個叫巴惹達乍，另一個就是
喬答摩⑥。喬答摩後來被他的親教師黑色仙人剃度出家，
他和黑色仙人一樣能忍受只靠飲水度日的苦行。巴惹達乍
不堪忍受苦行，繼位當了國王。

曾幾何時，喬答摩徵得親教師黑色仙人的允許，在普
陀洛伽城與吉蒂城之間的某個地方搭了一座茅草庵專事靜
修。

當時普陀洛伽城中有一個名叫妙步的娼婦，她經常被
吉蒂城裡的一個名叫蓮枝的狡詐之徒以衣飾等物勾引歡
會。有一次蓮枝邀請妙步去他那裡，但沒約定幽會的時
間。妙步這時又收受了商人阿日勒的五百銀幣，就先去與

他幽會。妙步的女兒卓嬌桑姆此時也來找阿日勒，向他討要賣身的銀子，正巧窺見妙步與阿日勒同枕合歡。她就跑去向奸夫蓮枝告了密，說她母親正和商人阿日勒尋歡作樂呢！奸夫蓮枝頓時大怒，一氣之下就去砍了娼婦妙步的腦袋。女兒被嚇得大哭大叫起來，普陀洛伽城裡的許多人聞訊趕來，蓮枝急忙把兇器扔到正在靜修的喬答摩身邊後，遁逃而去。這時商人阿日勒趁機殺了妙步的女兒，把兇器也扔在喬答摩的身邊後逃之夭夭。

　　當人們追趕到茅草庵時，在喬答摩身邊發現了兩把帶血的利劍，大家紛紛怒斥他身為沙門，竟敢淫人妻女，殺人母女！隨即不容分說就將喬答摩押解到他胞兄巴惹達乍國王的座前，說他犯下了彌天大罪，請求嚴厲懲辦。於是國王巴惹達乍不問青紅皂白，就下令對其胞弟施以弗戈酷刑⑦。

　　就在喬答摩受刑之際，黑色仙人聞訊趕來。他問喬答摩道：「這事果真是你幹的嗎？」

　　喬答摩氣息奄奄地說：「或許這是前世的造孽，但絕非我之所為，倘若不信，我可拿出證據。」

　　「何以為證？」黑色仙人又問。

　　「為了證實我清白無辜，如果我的咒語和證據真實無妄，就讓我親教師的膚色由黑變黃為證吧！」喬答摩念完

咒語後，黑色仙人的膚色即刻變成了金黃色。黑色仙人因此也叫「金色仙人」。

喬答摩臨終時問黑色仙人道：「弟子死後將轉生為何物？」

「你乃無障離垢，仍將轉生為人！你如果尚有生育能力即可轉生，但不知你是否還有生育能力。」黑色仙人說。

喬答摩萬分痛苦地說：「我平白無辜遭胞兄迫害，此刻痛楚欲絕，何談後嗣！」

這時黑色仙人呼風喚雨，讓和風細雨吹拂沐浴在喬答摩身上，使他暫時擺脫痛苦的折磨。接著黑色仙人又將那兩把血劍拿來放在喬答摩的下身處說道：「你若無後，便無佛陀。你須即刻憶念起前世的情欲！」

喬答摩在刑具上竭力憶念前世的情欲，終於使精液從下身滴出，落在了那兩把血劍上。黑色仙人遂將這兩把血劍拿去掩藏在一片甘蔗田的葉片下。

當黑色仙人回頭把喬答摩從弗戈刑具上解下來時，他已氣絕身亡。仙人將巴惹達乍以及大耳日光王家族的族人召集到一起，並請來了四大天王。他義正辭嚴地當眾宣稱：「既然妙步母女非喬答摩所殺，那麼究竟誰是真兇，就讓業力給予他們應得的報應吧！」

　　這時四大天王在空中讚曰：「喬答摩啊，你是真正的英雄豪傑，你儀表非凡，超凡絕倫，具足百種福德。你能使天神笑顏常開，你能讓眾生好運常來，你將轉生為萬世永存的轉輪法王！」接著，四大天王對地界的凡人們念咒道：「看劍！誰是真兇，即刻受死吧！」隨即將兩把血劍拋向空中。血劍頓時化作霹靂，頃刻間奸夫蓮枝和商人阿日勒被巨雷轟頂，一命嗚呼了。與此同時，喬答摩也往趨三十三天兜率天轉生為總領三身諸佛之根本佛。由此可見，四大天王也的確執法如山。

　　沒過多久，血劍上的精血在和煦的陽光照射下化出二卵，兩個男嬰從卵中破殼而出。這兩個男嬰一出殼就能走路，會說話，吃的是甘蔗莖，喝的是甘蔗汁，穿的是甘蔗葉，所以人稱「甘蔗族王子」。雖說他倆同是在日光的照射下破卵出世的，但各有各的名字：從母親妙步的淤血中化出，先會走路說話的是哥哥，名叫「日種」；而從女兒卓嬌桑姆的淤血中化出，後會走路說話的是弟弟，名叫「甘蔗種」。

　　喬答摩的這兩個遺子，哥哥叫日種，又名比丘尸羅（比丘戒），他因出家為僧而後繼無嗣。弟弟叫甘蔗種，甘蔗族皆出於他。該族人因其祖先是從甘蔗地裡出生的，故稱「甘蔗族」；又因為他們是喬答摩的後裔，也稱「喬答

摩族」；此外，他們因係日光煦化所出，又叫「大日族」，又因是由黑色仙人親手撫育成人，故也叫「手生族」。

甘蔗種王的王后生了三個王子後不幸去世了。國王為了擺脫喪偶之苦，便又選了一美貌女子欲繼配為后，可是這女子的父親卻提出，要是我的女兒生了兒子，他肯定想當國王，到時應讓他來繼承王位。國王無奈，只好答應了，那女子這才嫁給了他。

這位王后共生了三女一子，兒子取名叫「樂政」。自打有了樂政，國王不得不下令將已故王后所生的三位王子逐出王宮，同時把繼配王后所生的三位公主也當作三位王子的僕人一併逐放。同父異母的兄弟姊妹六人就這樣被一起流放到迦毗羅衛。

時隔不久，繼配王后又死了，國王這才宣召三位王子回宮，說：「母后已故，命三位王子速歸。」三位王子聽到父王的詔命後置若罔聞，他們與同父異母的三姊妹結伴而行，前往離雪山不遠的恆河畔，在迦毗羅仙人的住地附近，搭起茅屋住了下來，靠狩獵維持生計。

有一天，兄弟姊妹幾個到迦毗羅仙人那兒去請教善惡業報之事，仙人勸戒他們從今往後莫做非梵淨之事，不要狩獵殺生……他們都一一答應了。

　　過了一段時間，迦毗羅仙人發現他們一個個臉色蠟黃，日漸消瘦，便問他們這是怎麼回事。他們回答說這是因春情萌發，欲火難熬所致。仙人說：「既然你們幾個是同父異母的兄弟姊妹，不妨按年齡大小相配成偶。」兄弟姊妹幾個便成雙成對結為夫妻。

　　三對夫妻生了三男三女，日子過得熱熱乎乎，倒也其樂融融。這事後來傳到了國王耳中，他為之大惑不解，就問臣下道：「我的三位王子早被流放遠逐，又有誰肯把女兒嫁給他們呢？」臣下回稟說：「他們是自家兄妹結成夫妻生兒育女的。」國王聞言，羞愧不已。

　　再說那三位王子的兒女們，一個個剛一出生，就手指著天空，嘴巴裡大聲地發出「釋迦、釋迦」的聲音。「釋迦族」的名稱由此而得。三位王子中老大的家族叫「釋迦欽布」（大釋迦），老二的家族叫「釋迦離遮毗」（賢能釋迦），老三的家族叫「釋迦日遮巴」（山居釋迦）。

　　釋迦欽布家族的世係傳承次第為：釋迦能忍王、釋迦安居王、釋迦土居王、釋迦殊勝王。其後裔數以五萬五千之眾，皆出自迦毗羅皤窣都。其後為十車王、十一車王、札巴車王、札巴堅車王、陽丹王、獅子吼王和獅子近王。獅子近王有四個王子，即淨飯王、白飯王、甘露飯王和斛飯王。淨飯王有三子，長子勝解王子，次子悉達多王子，

三子阿難王子（釋迦牟尼從弟）。據說悉達多之子羅睺羅從父出家為僧，故悉達多後繼乏嗣。

釋迦離遮毗家族後嗣甚眾，其中有號稱金、銀、銅、鐵的四大轉輪王。影勝王（頻婆娑羅王）、波斯匿王（勝光王）等聖明君王皆出自該族。

釋迦山居族的世係傳承次第為：出自蓮華城的大蓮王、無邊王、猛光王和出自拜薩拉城的能現王、夏爾巴王。夏爾巴王有兩個王子，一個叫嘉桑，另一個叫百軍。

嘉桑與百軍兩位王子後來為爭奪王位而失和，結果嘉桑獲勝繼位。百軍對自己失敗的原因百思而不得其解，於是就去求卦問卜。卦師預言道：「殿下將喜得一非同尋常的貴子，他將被天神用天繩⑧拉上十三重天。到適當的時候，他將順著天繩重返人間，降凡到雪域吐蕃的朗日山谷，主宰雪域吐蕃的眾生直到壽終正寢。」

百軍王子的夫人殊妙果然生下一褐髮碧眉、螺齒鴨掌、眼皮上闔的兒子。因卦師預言他將自天界降凡朗日山谷，所以人們也稱他「日瓦吉」。百軍殿下得知生下這麼個長相稀奇古怪的逆子，覺得很不吉利，就命僕從殺了他。僕從不忍心用利刃結束他的性命，便把他裝入一銅匣扔進了恆河。這只銅匣順流而下，漂到廣嚴城岸邊的一個水渠口時，被一個叫「五能仁」的農夫撈了出來。當時這

孩子大難不死，一息尚存，農夫沒敢帶他回家，悄悄把他匿藏在了密林深處的一個地方。農夫精心地照看著他，一時間森林裡的百鳥齊來哺食，百獸都來送肉，就連樹枝也為他遮擋炎炎烈日。

這孩子就這樣一天天長大成人了。有一天，他向農夫詢問自己的身世道：「我的福氣這麼大，那麼我的家鄉在哪裡？我的父母是何人？」農夫這才詳細地向他講述了他是如何被父親下令處死而被裝進銅匣棄入恆河的原委。

王子聞言大為驚恐，他不辭而別，獨自逃進了深山。他來到絳妥神山⑨後，又朝著雪域的方向繼續北上。當他登上堯爾布神山的峰頂時，忽然天神從空中垂下天梯並用一根天繩繫在他的頂髻上，將他牽引到十三重天兜率天界去了。從此以後王子日瓦吉被稱作「天父世間怙主福天主公」（下文簡稱「斯巴恰拉」）。

斯巴恰拉在兜率天界與天神日德日的四位仙女先後生了四個天子。玉面鹿仙女所生之子叫「燃頸螺」，金面鹿仙女所生之子叫「絡腮螺」，人面鹿仙女所生之子叫「白天子」，螺面鹿仙女所生之子叫「摩訶南天」。這幾位天子既不宜入天神之列，又不堪當凡人之君，故燃頸螺後來去了岡底斯神山和瑪旁雍措聖湖一帶，絡腮螺去了「芒」和「凝」之地，白天子則去了斯巴恰之地，只有摩訶南天仍

留居天界。摩訶南天的後嗣次第為：摩訶貢天、摩訶鎮天、摩訶恰天、摩訶達天、摩訶特天、摩訶雄天、摩訶猛天、摩訶馳天和達堅阿奧。達堅阿奧與才薩鄔瓊仙女生了四個兒子，長子叫吉亞拉達宙，次子叫甘夏拉詹欽，老三叫賈拉仲南，老四叫沃代貢傑。迄此，天竺百軍王之子日瓦吉斯巴恰拉，已是兜率天界的「九代天子」和「四輩神孫」的老祖宗了。

有一次，日瓦吉斯巴恰拉異想天開地祈願想得到一樣如意天神之寶。長壽聖智天自天界俯瞰人間剎土，但見雪域吐蕃「九洲」之地，冰峰雪嶺彷彿水晶寶塔，冷暖適中，氣候宜人，更何況那裡又是三怙主化身的調伏之境，尤其是大悲觀世音菩薩的教化之界。他心想若是讓斯巴恰拉去那裡當獼猴禪師與岩羅剎女的吐蕃四大部族後裔的君主，想必他會如意的。斯巴恰拉的頭頂上本來就有天繩，於是長壽聖智天就拽著天繩將他徐徐放下，斯巴恰拉就這樣又順著天繩降臨到了堯布神山。

這時，恰巧在堯布神山的石山與草地交界處，賽苯布、莫苯布、當苯布、奧卜苯布、甘拉苯布、兆苯布、瓊苯布、悉苯布、寧苯布、杰苯布和覺拉苯布等十二苯布的先知大德們正在祭祀天神。

當斯巴恰拉走到其中四位苯布大德的跟前時，他們問

斯巴恰拉道：「閣下何許人也？從何而來？」

　　他回答說：「我曾被天神用天繩牽引到十三重天界，並得名怙主斯巴恰拉。我在天界與天神日德日的四位仙女成婚，生養了一脈相承的『九代天子』，其中最末一代天子達堅阿奧娶才薩卻瓊仙女，又繁衍下『四輩神孫』。我便是這些天子神孫的老祖宗。後來我向天神祈求如意神寶，天神瞻望世間剎土，觀世見雪域吐蕃乃大悲觀世音菩薩所化之殊勝方域，於是天神拽著我頂髻上的天繩讓我降凡到了此地。」他說著用手指了指天空，大家順勢望去，只見在他的頭頂和天空之間，清晰可見地懸垂著一根銀光閃閃的天繩。

　　在場的苯布大德們商議道：「此人自天而降，奇異非常，乃神之贊普，應將他炫示給眾鄉親們才是。」於是就用擔架把他抬回了部落並向鄉親們誇耀道：「快來看！我們苯布今天祭天時遇到這位尊者，他從天而降，乃天界之神！」部落鄉親們說：「這位天神奇異殊勝，既然他是被你們用肩膀抬來的，就叫他『神聖聶赤贊布』，讓我們大家奉他為王吧！」從此以後，人們就稱他聶赤贊布（肩輿王）⑩。因為他下凡時似飛鳥落地，所以也叫他「遐赤贊布」（鳥座王）。吐蕃最早的首領或言君王者就是這位「杰聶夏仲赤贊布」。

　　昔自眾敬王至多羅足王之前，四大部洲尚不曾有主宰
一切的「君主」之位。眾敬王是初劫時最早的君王，而多
羅足王之子頂生王，又名我乳王或稱聲譽無量王，他獨自
主宰四大部洲之其一、其二、其三、其四諸洲，其權勢熾
盛足可與三十三天兜率天界的帝釋天王分庭抗禮。欲知究
竟，詳見帕巴貢卻孜巴撰著的《父子合集經》。另據說四
大部洲四、三、二、一諸洲之首領分別次第為金、銀、
銅、鐵四大轉輪王。

　　其後經過二十萬又九十萬再九萬九千三百七十七代，
跋羅墮闍王及喬答摩出世。百代之後釋迦族出現，復又經
過五萬五千零十四代之後，佛陀薄迦梵釋迦牟尼降世。釋
迦牟尼之子羅睺羅尊者因（出家）無後而乏嗣。

　　總而言之，上自眾敬王下迄羅睺羅王子，君王承襲歷
經一百二十五萬代，其後復又四百九十四代，及至佛陀是
為九十五代。如此云云，皆出自《方廣大莊嚴經》和續部
經典以及遺訓祕籍，亦可見之於聲聞部經籍。

　　以上所述，在巴切寺有壁畫和文字記載可見。在該寺
的壁畫和文字記載中還詳盡地描繪記述了有關聶赤贊布的
王統世系，即天赤七王、上丁二王、水德八王、土勒六王
以及中贊五王等是如何傳承的情形。

　　聶赤贊布後來在雅隆贊塘閣希地方⑪建造了一座宮

殿。這座宮殿不是用土石構築的，而是用鹿、兕、虎、豹的皮張做成的帳篷式宮殿。所謂「天赤七王」⑫（他們父子相傳），次第為聶赤贊布、穆赤贊布、拉赤贊布、當赤贊布、傲赤贊布、貝赤贊布和貢赤贊布。這七位君王每人頭頂上都有一束叫做「天繩」的白色光芒，他們壽終升天時，便足下生輝，騰空而去，沒有屍骨遺留下來。傳說天赤七王的陵墓都在天界。

貢赤贊布的王子叫直貢贊布⑬，本來他頭頂上也有一束叫做「天繩」的白光，去世時照樣可以憑藉天繩乘著光芒升天而不留下遺體，然而他卻死於非命。

傳說直貢贊布有三個王子和一個遺腹子。這三個王子一個叫哈赤，一個叫涅赤，還有一個叫夏赤。兄弟幾個後來為繼承王位而失和，遂被父王下令逐放。長子哈赤被驅逐到工布，次子涅赤被放逐到康區，老三夏赤被流放到後藏一帶。直貢贊布把三位王子逐放後，又納康區首領的公主為后，而把三位王子的母后貶為王室的馬倌。

此後不久，直貢贊布率兵出征迦溼彌羅國大獲全勝，凱旋而歸。歸途中直貢贊布與部將瑪桑及其僕從勒安姆等一起比賽箭術。比賽中直貢贊布一箭射中靶心，利箭射穿了石靶。部將瑪桑雖說也一箭中的，只不過箭鏃勉強射進了石靶。迦溼彌羅的戰俘們也在一旁議論說，吐蕃君臣引

弓發矢，一比高下真是稀奇……當人們走到石靶跟前看時，一支箭貫石沒翎，另一支箭搖搖欲墜。大臣們說那支貫石沒翎的箭是贊普陛下射的，另一支搖搖欲墜的箭是部將瑪桑射的。瑪桑的部下勒安姆卻硬說貫石沒翎的箭是瑪桑射的，搖搖欲墜的箭才是贊普射的。就在大臣與勒安姆爭辯不清時，贊普陛下與部將瑪桑也為此爭執不下。這時，不知是誰讒言說：「讓陛下給瑪桑點顏色瞧瞧！」瑪桑聽到這話後惡念頓生，他想贊普若是果真要降罪於我，我倒要看看他死了之後，究竟有沒有屍首留下。

班師回朝後，瑪桑一心想加害贊普，他心想要是能斬斷贊普頭頂上的天繩，那麼他死後定會留下屍首。於是瑪桑設下殺害贊普的計謀，他向部下勒安姆面授機宜並派他去晉見贊普。勒安姆見到贊普後照著瑪桑說的啟奏贊普道：「陛下若是果真想與我瑪桑一比箭術高下，就請陛下騎上紅水牛，馱上黑木炭，額前戴上海螺環和白銀鏡，揮劍來與我比武。」

贊普當時正在后妃宮中，他心裡雖有點發怵，但還是照勒安姆傳的話做了準備。當贊普揮著寶劍馳入賽場時，豈料自己已將頭頂上的天繩斬斷。這天繩一斷，便亂了鬼神，鬼神一亂，四下裡頓時鬼哭狼嚎一片。嚎叫聲驚了坐騎，坐騎受驚後又弄破了裝滿木炭的皮口袋，霎時間黑灰

彌漫成一團。這時，瑪桑趁機開弓瞄準贊普額前明光閃亮的海螺環和白銀鏡，射出了罪惡的一箭。從此以後，贊普的遺體便留在了人間。

直貢贊布死時，他的正宮嫡妻正懷著身孕，人們說這也是他棄子謫妻，另求新歡的報應。有天晚上，被貶為馬倌的王后睡在馬廄裡，正為不幸蒙難的亡夫哀傷之際，朦朧中她夢見一個騎著白馬、身著白衣的男子來到身邊，並與她同枕合歡⋯⋯

八個月後，她生下了一個五官端正但四肢不全，好像身上只長著個腦袋似的嬰兒。母親把他放在野牛角裡用牛奶餵養，他因此得名叫「仲戈日里吉」（兒角生）。過了一段時間，這孩子的手腳四肢漸漸發育，陽具也顯露了出來。母親又把他放在自己的獸皮毛靴子裡餵養，孩子日漸長大，而且愈長愈發可愛。他的名字因此又叫「布德貢杰」。布德貢杰還在野牛角裡哺育時，母親就把他最小的哥哥從後藏召回替代他的父親。

傳說，天繩被斬、中箭身亡，從此留下了遺骸的直貢贊布，人稱「父丁」；父王死後出生的遺腹子叫「拉俄」。這遺腹子因為是被母親放在野牛角和毛靴子中餵養，並由從後藏召回的三哥替代其父，所以他被稱作「子丁」。這就是「父子二丁王」一說的由來。直貢贊布與布

德貢傑父子二人的王陵建在雅隆地方一個叫「波章冒章」的山頂上。

布德貢杰繼承了直貢贊布的王位，其王統父子相承次第為：拉肖勒、告如勒、仲西勒、偑肖勒、陶肖勒和俄肖勒。上述「土賢六王」⑭築城堡「欽瓦達孜」等「欽安六宮」⑮而居。他們的陵墓都建在岩石與草地交界處的山坡上。

繼俄肖勒之後是薩南森德、德楚布、南象贊、德諾布、德諾南、賽諾南、賽諾布和德杰布等八王，即所謂「水德八王」⑯。他們的王陵均建在賢布河⑰水下。

繼贊普德杰布之後是杰布真贊、陶日隆贊、赤贊南、赤扎幫贊和赤妥吉妥贊等「贊字五王」⑱。他們的王陵都建在達爾瓦塘平原，人們將這些陵墓稱作「薩旁札」（形似土堆的王陵）。

氏族與王統史第五章竟。

注釋

①衛藏四如：古代吐蕃轄區劃分為上、中、下三區，上區阿里，中區衛藏，下區青康。史載分法不一，據《賢者喜宴》所載衛藏四如的劃分為：天如以乃東昌珠寺為中心，東至工布，南至錯那，西至喀惹雪峰，北至馬拉山脈一帶地區；烏如以拉薩小昭寺為中心，東至

桑日縣境倭卡秀巴本頓，南至瑪拉山脈，西至休·尼木，北至札·朗瑪古普；藏也如以南木林為中心，東至札·朗瑪古普，南至轟拉木，西至介瑪拉古，北至黑河麥底卡一帶；運如以哲地的杜瓦納拉為中心，東至絳納札，南與尼泊爾的朗納接壤，西至拉更亞米，北至杰麻拉恩一帶。

②初劫：劫為佛書所說漫長年代的量詞。初劫指情器世間形成之初的年代，亦稱妙樂劫、圓滿劫。此劫中人皆自行防護四根本罪，全不違犯，人壽萬年，以食地味及稻米等不耕自長之食為生。

③眾敬王：傳說古印度最早出現的君主。本書中載，其原名「大天持明炬」，因受眾人擁戴故名「眾敬王」，又稱「淘聚王」。亦指人類社會最早出現的國王。

④光音天：二禪天之上層。生於此中諸天，所發光明照耀其他天處，故名光音，亦稱極光淨。

⑤四食：段食、觸食、思食和識食。為維持今生生命而有段食；為長養能依心識而有觸食；為引來未來壽命而有思食；為成就未來壽命而有識食。

⑥喬答摩：意為最勝。古印度一氏族名，釋迦牟尼即出於該族，故佛書有時也稱釋迦牟尼俗名為喬答摩。

⑦弗戈刑：古代一種用木製矛戈自肛門至顱頂貫穿人體的酷刑。

⑧天繩：西藏神話傳說自聶赤贊布始，「天赤七王」臨終時皆由天繩攀升天界。自直貢贊布在決鬥中天繩被斬，中箭身亡後，歷代贊普

才開始下葬凡間。

⑨絳妥神山：山南地區乃東縣境內一著名神山。此山名亦見於《唐蕃
舅甥會盟碑》和《敦煌古藏文歷史文書》。

⑩聶赤贊布：又稱杰聶夏仲赤贊布（本書）、赤贊鵲提（《青史》）。因
其「自天而降，被眾人肩輿而歸」，故名聶赤贊布（意為肩輿王或
頸輿王）；又因其「飛鳥般下凡」，又名遐赤贊布（鳥座王）。該王
是吐蕃天赤七王之首。有關這位吐蕃最早的贊普的神話傳說頗多，
但無從考據。本書對他的記述較為詳細。

⑪雅隆贊塘閣希：山南地區澤當附近一寺名。吐蕃第一代贊普聶赤贊
布在此用獸皮建造宮殿，召集部落首領聚議。

⑫天赤七王（天座七王）：吐蕃最早的七代贊普，因彼等壽終時均可
藉天繩升天，故名。藏文史籍與本書所載天赤七王的名稱與排序略
有不同，傳說除聶赤贊布外，其他六位贊普均依母姓而得名。

⑬直貢贊布：吐蕃第八代贊普。藏文史籍說他是思赤贊布之子，決鬥
中死於大臣羅昂之手。按本書所記，則應是貢赤贊布之子，決鬥中
被部將瑪桑射死（羅昂是瑪桑的部下）。傳說他揮舞寶劍馳入決鬥
場時，不經意斬斷了懸在頭頂上的「天繩」，故死後就無法再升天
了。從此開始，吐蕃歷代贊普均在人間下葬。他是「上丁二王」之
「父丁之王」，其遺腹子布德貢杰，又名仲戈日里吉，即「子丁之
王」。

⑭土賢六王：又稱中勒六王，吐蕃第十至十五代贊普總名。

⑮欽安六宮：吐蕃「土賢六王」期間，先後在今山南窮結縣境欽安地方，修建了郭孜宮、羊孜宮、赤孜宮、孜莫瓊吉宮和赤孜奔都宮等五座宮殿，加上布德貢杰所建的欽瓦達孜宮，統稱欽安六宮。

⑯水德八王：又稱德字八王，吐蕃第十六至二十三代贊普總名。此八王均安葬於香波河下，故名「水德八王」；另說他們的名字中都有一個「德」字（音德），所以又稱「德字八王」。

⑰香波河：雅拉香波河，今山南地區乃東縣境雅拉河。發源於措美縣卡珠谷，係雅魯藏布江一支流。

⑱贊字五王：吐蕃第二十四至二十八代贊普總名。此五代贊普名稱中均有一「贊」字（音贊），故稱「贊字五王」。

第六章　初啟正法之門

吉祥金剛手大勢至的化身拉妥妥日年謝正在雍布拉崗宮中侍奉其父王母后，他忽聽得空中妙音四起，又看見祥雲氤氳，霎時間祥雲中一束五彩的光芒直射胸前，一個用五種珍寶鑲成的寶匣，不知不覺已捧在了懷中。拉妥妥日年謝王打開寶匣，只見裡面裝著一座四層水晶寶塔和數函用吠琉璃粉書寫的金質書卷。翻開書卷，他雖不知是佛典還是苯經，但深信這是一件稀世寶物，故取其名曰「玄祕神物」。

——題記一

贊普拉妥妥日年謝臨終時曾留下遺囑說：「在雪域吐蕃無論出現什麼樣的禍患災難，只要向我的玄祕神物祈禱便可消災避難；若是想要祈福求善，儘管向它禱祝，定會隨心如願。」

——題記二

　　自眾敬王迄「釋迦族人聶赤贊布」，子嗣相繼，王統
蔚然自成一系。

　　當王統傳至赤妥吉妥贊時，此王與年茂貢曼王后生有
一子，名叫「拉妥妥日年謝」①。據說，其名冠之以
「拉」，是因為他原本是沃賽拉（光音天）的後裔；吐蕃的
君主稱「妥妥巴」，父王想讓他將來繼位當吐蕃的君主，
所以就取名「妥妥日」；另有一說，說他發佛法之端倪，
受善法之加持，故名「妥妥日」。所謂「年」，一說因係母
后年茂貢曼所生而得名，另一說吐蕃臣民皆俯首聽命於他
（譯音「年」，意為聽從），故名。至於「謝」的意思，一
說國王的輔臣名叫什麼什麼「謝」，另一說因他曾得到一
個四層水晶寶塔，故名。

　　拉妥妥日年謝王在雅隆河谷東岸，修建了一座「水晶
宮」似的「雍布拉崗」宮②。父王赤妥吉妥贊與子臣拉妥
妥日年謝一同住在宮中，共謀治國之大事。父子倆認為，
吐蕃民眾，種族低劣，不守法規，桀驁不馴，故將吐蕃劃

分為「四如」，並將這四如的疆域分別劃分給色、穆、董、東（譯音）四大內族及其他一些小部族，而把那些不法之徒都統統發配到邊遠偏僻的地方去了。

拉妥妥日年謝在雍布拉崗宮當政期間，異邦天竺摩揭陀國的當朝國王叫「匝」（譯音）。這位摩揭陀國王在拜讀先祖的遺書時，從先王達磨阿輸迦（阿育王）的史傳中得悉，先王曾有建造佛與菩薩身、語、意之所依的願望，後來只造立了佛和菩薩的身之所依（佛像）一千萬尊，而造立語之所依（佛經）和意之所依（佛塔）的夙願未能實現。國王「匝」心想，如此聖績，看來要由我來完成了！於是，他向一位德高望重的長老詳細詢問了有關其先祖造立聖像的原委。

這位長老告訴他說：「世尊佛陀曾在王舍城化緣時，塔給瑪的兒子朝他身上撒了一把沙子。佛陀預言說：『這把沙子有多少顆沙粒，就將如數變出多少尊佛像。』而這把沙子恰好有一千萬粒。先王的前生正是塔給瑪之子，他的後世是十車王與王妃卓堪瑪在香特堅城所生的阿輸迦王子（阿育王）。

「彼時，西方有異教鼓音派，十車王命戍邊軍隊鎮壓鼓音派異教徒。一時間香特堅城的人們幾乎都成了屠夫，他們極盡燒殺搶掠之能事，直殺得鼓音派三兄弟及其信徒

片甲不留，無一倖免。

　「不料有一天，王子（阿育王）出外玩耍迷了路，誤入城中一屠夫家，被屠夫逮住下了油鍋。奇怪的是這孩子大難不死，竟被油鍋裡生出的一株蓮花托起，渾身掛滿晶瑩欲滴的露珠，愈發顯得英俊，屠夫為之大驚失色。

　「十車王看在王子大難不死的情分上，親往雞胤部歡喜園，向一位頗有名望的尊者請教如何消除自己罪孽的辦法。

　「尊者口誦一偈道：『具有善根之者，所造罪孽可卻，烏雲難蔽明月，善業能消罪孽。』

　「『那麼我應怎樣行善呢？』國王問。

　「尊者說：『你若能在一日之內延請百萬僧眾舉行盛大法筵，或在一夜之間造立一千萬尊佛像，陛下的罪孽即可除矣。』

　「『要我一日之內延請百萬僧眾舉行盛大法筵倒不難，難的是別說一夜之間造立千萬尊佛像，就連一尊也完成不了，你這豈不是分明說我罪孽深重無可救藥嗎？』

　「尊者又勸解道：『陛下乃是受命於世尊的一國之君，你可在摩揭陀菩提林苑向佛陀像廣施供奉，延請百萬僧眾舉行盛大法筵，並當眾祈禱發願，就說天龍八部③各路鬼神，眾等若認為我依然是受命於佛的天子，就請在一

夜之間造立一千萬尊如來佛像，如若不能，那我這個受命
於佛的天子也就徒有虛名了。陛下照我說的去辦，便可如
願以償。』

「國王依言行事，果不其然，天龍八部眾鬼神一夜之
間就在南贍部洲造立了一千萬尊佛像，同時還造了一座四
層水晶寶塔獻給了國王。國王次日便獲得了初果果位。隨
後這位尊者化身成一千萬個國王，分別為那一千萬尊佛像
舉行了開光儀式。國王隨即又獲得了阿羅漢果位。」

國王「匝」請教長老道：「我的先祖只造立了佛的身
之所依（佛像），卻沒能造立語之所依（佛經）。我亦不可
只造立意之所依（佛塔），而不造立語之所依，當一併為
之！我如何才能成就此事呢？」

長老面授機宜道：「陛下可效法先王，在菩提林苑廣
施供奉，大設法筵，即可造立意之所依，亦可成就語之所
依。」

國王「匝」依言照辦之後，忽然間金剛菩薩凌空而
至，隨即一卷卷佛經便從空中降下。國王將其中的數卷佛
經連同四層水晶寶塔一起，裝入一寶匣懸掛在寶幢上，大
事供奉了一番之後，當他正準備開光之際，突然眾空行與
空行母鼓起一陣強勁的「智風」，將那只裝著佛經與水晶
寶塔的寶匣吹走了。

就在這個時候,吉祥金剛手大勢至的化身拉妥妥日年謝正在雍布拉崗宮中侍奉其父王母后,他忽聽得空中妙音四起,又看見祥雲氤氳,霎時間祥雲中一束五彩的光芒直射胸前,一個用五種珍寶鑲成的寶匣,不知不覺已捧在了懷中。拉妥妥日年謝王打開寶匣,只見裡面裝著一座四層水晶寶塔和數函用吠琉璃粉書寫的金質書卷。翻開書卷,他雖不知是佛典還是苯經,但深信這是一件稀世寶物,故取其名曰「玄祕神物」。

拉妥妥日年謝把這件「玄祕神物」安放在寶座之上,時時用御酒神飲和綠松寶石供奉,天天圍著它一邊「轉古拉」,一邊禱祝。據說,藉此寶物的加持,已是年邁體衰、白髮蒼蒼的贊普,居然變得皓齒鶴髮,返老還童了。他享年一百二十歲,一生活了兩世人。

拉妥妥日年謝王父子的陵墓,據說建在香波地方的冰雪與岩石交界處。

贊普拉妥妥日年謝臨終時曾留下遺囑說:「在雪域吐蕃無

供奉有「玄祕神物」的雍布拉崗宮

論出現什麼樣的禍患災難,只要向我的玄祕神物祈禱便可

消災避難；若是想要祈福求善，儘管向它禱祝，定會隨心如願。」

寶匣「玄祕神物」中所珍藏的四部佛典，詳見下文有關章節。

拉妥妥日年謝王於雍布拉崗初啟正法之門之第六章竟。

注釋

①拉妥妥日年謝王：吐蕃第二十八代贊普，按本書排列則為第二十九代。藏文史籍及本書記載，此王時建造了雍布拉崗宮，並得到一只裝有四部佛經和一座四層水晶塔的「玄祕神物」寶匣。藏傳佛教有人以此作為佛教傳入藏區的開端。

②雍布拉崗宮：相傳是吐蕃第一代贊普聶赤贊布建造的西藏歷史上第一座宮殿。該殿位於今山南地區乃東縣東南雅隆河東岸的一座小山上。本書則說此殿係拉妥妥日年謝所建。

③天龍八部：天、龍、夜叉、乾闥婆、阿修羅、迦樓羅、緊那羅、摩睺羅伽。

第七章　南日松贊傳略

　　某一日，大悲觀世音菩薩自天竺南方普陀山舉目遠眺雪域吐蕃，觀見那裡的眾生首領因得其先王拉妥妥日年謝的「玄祕神物」並供奉之，彼等悟性漸已萌發，觀世音菩薩遂決意化身為吐蕃贊普去教化那裡的臣民。於是大悲觀世音便投胎托生為南日松贊與王后才松薩‧智冒陶嘎爾的王子。

——題記

　　拉妥妥日年謝的王子叫赤年桑贊①。赤年桑贊之子是達戈年思②。傳說達戈年思先天雙目失明，後來憑藉向先祖的「玄祕神物」和「水晶寶塔」禱祝，雙目得以復明。其後嗣是南日松贊③。贊普南日松贊是一位非凡的君主，他向來言必信，行必果，心想事成。

　　贊普南日松贊在雅隆東北方的鉢巴宮駐錫期間，主持修建了賢寧敏久宮。宮殿修成後他娶才松薩・智冒陶嘎爾為后；是他最先在才邦山發現金礦，在給日山發現銀礦，在昌布嶺發現銅礦，在熱嘎山發現鐵礦，還在北方的拉措湖發現了食鹽；是他最早把野牛馴養成犛牛，把野鹿馴養成黃牛，把野羊馴養成綿羊，把麝獐馴養成山羊，把野驢馴養成騾馬，把狼馴養成牧犬。從他那時起，開始分設內、外相，並開始墾荒耕田，牧放牲畜。這些都是他的恩德功績。

　　某一日，大悲觀世音菩薩自天竺南方普陀山舉目遠眺雪域吐蕃，觀見那裡的眾生首領因得其先王拉妥妥日年謝

的「玄祕神物」並供奉之，彼等悟性漸已萌發，觀世音菩薩遂決意化身為吐蕃贊普去教化那裡的臣民。於是大悲觀世音便投胎托生為南日松贊與王后才松薩‧智冒陶嘎爾的王子。

頭頂上生有阿彌陀佛像的贊普松贊干布

當時，大悲觀世音菩薩起駕前往雪域吐蕃時的情景，依諸佛與眾菩薩之所見，觀世音從普陀山起駕徑自前往雪域；依天界眾神之所見，一道白光，一閃而過；而依南日松贊親眼之所見，忽然一道光芒，沒入王后體內……

十個月後，一位極不尋常的王子誕生了。這王子一生下來就具足三十二種大丈夫相④和八十種隨好⑤。尤為奇異的是，在他濃密的烏髮間，長著一尊阿彌陀佛的頭像。

父王覺得這孩子的確殊勝非凡，但又怕別人看見自己的兒子長著兩個腦袋而遭非議，就用一條紅綾帶把王子頭頂上的阿彌陀佛像白天纏起來，到了晚上再解開。偶爾有

一天，父王忘了給王子纏頭，正巧被前來早朝的大臣們看見了。當時噶爾東贊玉桑⑥和屯米桑布札⑦，還有兩名幼童（譯注：所指未詳）也在場。隨後便有傳言說，贊普陛下的王子長著兩個腦袋。內臣那闡布⑧說他親眼看見那頭像在王子的頭頂上還能左顧右盼云云。

王子四歲那年，父王南日松贊在北方築行宮而居。有一天，南日松贊帶著侍從出行，當行至香丹巴北山後歇息時，侍從瓊布巴達布迪與布瓊讓布宰了一頭犛牛，煮了一鍋肉，贊布吃了犛牛肉後即刻中毒身亡。他的御馬「姜希瑪夏駿」也被活埋了。

南日松贊九層狀的陵墓修築在雅隆頓嘎爾山上。

父王南日松贊傳略之第七章竟。

注釋

①赤年桑贊：按藏文史籍記載，為吐蕃第二十九代贊普，本書則記為第三十代。係拉妥妥日年謝王之子，《新唐書》譯作揭利失若。

②達戈年思：亦名達日年思。按有關藏文史籍記載，係吐蕃第三十代贊普仲年德如之子，按本書載，則為赤年桑贊之子。

③南日松贊：吐蕃第三十二代贊普，達戈年思之子，《新唐書》作論贊索。南日松贊時吐蕃王朝以雅隆為中心，疆域有所拓展，為松贊干布時代吐蕃王朝的進一步強盛奠定了基礎。

④三十二相：三十二種大丈夫相，即千輻輪、足善住、手足鬘網、手
足細軟、七處充滿、指纖長、跟圓長、身廣洪直、足踝端厚、身毛
上靡、股圓如鹿、立手摩膝、勢峰藏密、身金色、皮膚細滑、身毛
右旋、眉間白毫、獅子上身、肩頭圓滿、肩膊圓滿、得最上味、身
分圓滿、烏瑟膩沙、廣長舌、得梵音聲、獅子頷輪、齒鮮白、齒平
整、齒齊密、四十齒、目紺青和牛王睫。

⑤八十種隨好：佛所具有的八十種微妙相好，屬於爪甲者三、指者
三、脈絡者二、足者三、步態者七、頭部者三、髮者六、目者五、
眉者四、耳者二、鼻者二、口者二、舌者三、齒者五、語者二、手
者二、手紋者三、全身功德者十、身無瑕疵者四、下體者四、臍者
二、總行止者三，共有八十。

⑥噶爾東贊玉桑（？～667）：亦名祿東贊，松贊干布時吐蕃權臣。
噶爾家族原為蘇毗家臣，吐蕃撫服蘇毗後轉為吐蕃王室親信重臣。
噶爾東贊為人沉勇果毅，有謀略，善機變，贊普依重，世代相國。

　　據《冊府元龜·外臣部·賢行》載：「吐蕃相祿東贊貞觀十五
年來朝，先是，許以文成公主出降，贊普遣祿東贊來迓。」唐·閻
立本畫，吳道子摹本《步輦圖》是祿東贊至長安迎請文成公主的真
實寫照。

　　據《冊府元龜·外臣部·才智》載：「……祿東贊頷解兵術，
吐蕃贊府以國事委之。講兵訓師，雅有節制，吐蕃併兼諸羌，雄霸
本土，東贊有力焉。東贊有五子，長曰贊悉若，次欽陵，次贊婆，

次每多千，次數論。」另據《新傳》載：「（東贊）有子曰欽陵，曰贊婆，曰悉多於，曰勃論。祿東贊死，兄弟並當國。」噶爾家族專吐蕃國政年久，居功自恃，與贊普王室發生權益衝突，後被王室剷除（據《敦煌本吐蕃歷史文書》）。

⑦屯米桑布札：松贊干布時的一位著名文臣。藏史稱「吐蕃七良臣」之一。屯米桑布札早年受命前往印度求學，學成之後以其非凡的智慧，在當時的文字雛形基礎上，參照梵文的聲韻和語法，結合吐蕃語的語音系統，成功地創制了吐蕃文字，並翻譯了大量佛經，為早期吐蕃的文明和後世藏族社會的發展、進步做出了影響極為深遠的巨大貢獻，深受藏族人民的愛戴和崇拜。

⑧那闡布：松贊干布的首席大臣，位在十六大臣之首。世出望族蒙氏，係貝卓之嗣，松贊干布的后妃之一蒙妃赤尊係其女。據本書載，松贊干布出征時由他在本土代為攝政。生卒年及事蹟未詳。

第八章 諸佛授權讚普

　　南日松贊去世後，身為大悲觀世音自性身的幼主松贊干布心想：
父王這一死，從今往後這些獼猴父羅剎母的雪域眾生將由自己親自調
伏，為此必須擁有至高無上的權力，我何不就此祈請諸佛與眾菩薩給
自己灌頂授權呢？

　　　　　　　　　　　　　　　　　　　　——題記

南日松贊去世後，身為大悲觀世音自性身的幼主松贊干布心想：父王這一死，從今往後這些獼猴父羅剎母的雪域眾生將由自己親自調伏，為此必須擁有至高無上的權力，我何不就此祈請諸佛與眾菩薩給自己灌頂授權呢？贊普松贊干布正坐在寶座上這麼尋思著，除蓋障菩薩已蒞臨寶座上方，款款解開贊普頭上的紅綾帶。與此同時，文殊菩薩手持寶瓶從左面向他灑淨水，吉祥金剛手菩薩手執寶瓶從右面為他灑淨水，阿彌陀佛在他頭頂上方伸出紅蓮寶石般的手臂為他摸頂，授之以至高無上究竟圓滿的權力。

灌頂授權既畢，松贊干布頓時渾身光芒四射，在每一道光芒的另一端都顯現出一方方圓滿受身淨土，並化現出無數個松贊干布在遍照雪海佛座前的景象；繼而松贊干布的這些化身復又光芒四射，在那無數道光芒的另一端所顯現的一方方淨土之上，又化現出一個個遍照雪海光莊嚴佛；這些化身又自胸際大放光芒，在那無數道光芒的另一端所顯現的一方方剎土之上，又化現出一個個佛陀釋迦牟

尼；釋迦牟尼的這些化身也光芒四射，在那無數道光芒的另一端又化現出無數個佛與觀世音菩薩，他們都在遍照雪海光莊嚴佛的座前為無以數計的王子松贊干布摸頂；松贊干布的化身發出的光芒又化現出無數個天王太子，天王太子的化身發出的光芒又化現出無以數計的釋迦牟尼在化身淨土為王子松贊干布摸頂；王子松贊干布又放射出普照十方天際的光芒，這一道道光芒所化現出的無數個觀世音菩薩又從他的胸際放射出萬道光芒，化現出數不勝數的千手千眼十一面觀世音菩薩，廣遍利樂普天下的六道眾生直到今日。

但凡斷除蓋障，心智清明的人，都曾目睹過我松贊干布神通廣大的化身；而那些諸障遮蔽，心竅蒙昧的人，則無法見到我變化莫測的化身。

大悲觀世音菩薩可隨機應變，利樂六道眾生。

上述情形，在昌珠王宮有金粉書寫的壁畫為記。

諸佛與眾菩薩為贊普松贊干布授以身、語、意究竟圓滿權力之第八章竟。

第九章　聖僧迎請本尊

　　隨後他心想：如今在我域內可崇佛矣！而崇佛則須有本尊。若用土石造立本尊像未免太差次，用木料造像又易乾裂，而用珍寶造像又恐人心叵測，終將毀之於一旦……

　　日暮時分，贊普還在為造像材料的事費思勞神。忽然，天空中眾天子現身雲端，向松贊干布施過禮後異口同聲地說：「贊普陛下，在天竺南方僧伽羅島的海濱沙洲上，有一尊羯沙流坡坭神像，在神像背後的沙灘下埋著一棵蛇心栴檀樹，你的本尊就在其中，可前往迎請之。」話音剛落眾天子就不見了。

——題記

　　贊普松贊干布從此開始稱雄於世，邊邦鄰國無不歲歲前來朝貢。吐蕃當時尚無文字，需要進貢什麼財貨貢品只能以口信傳旨。

　　為使吐蕃也能有自己的文字，贊普曾派遣眾多天資聰穎的吐蕃學子前往天竺求學。然而，這些人不是被天竺的厲鬼所害，就是死於炎熱酷暑。後來贊普又委派十六大臣中最為聰慧的大臣屯米桑布札前往天竺修習文字，並賜沙金一升作為資費。屯米桑布札抵達天竺南方後，慕名拜求一位名叫「婆羅門黎敬迪迦」的文字大師為師，獻沙金半升以求之賜教。這位大師言稱通曉二十種文字，他帶屯米桑布札到海濱的一個石碑前，碑上清清楚楚地刻有二十種文字。他問吐蕃學子想學哪種文字，屯米桑布札（指著碑上的一種文字）說：「我就學這種文字吧！」於是屯米便開始修習「合乎吐蕃語」的那種文字。

　　天竺文有五十個元、輔音字母，其中輔音的第一組字母（譯注：原文此處有誤，應為「重疊字母」）和第三組

反體字母，因吐蕃語中沒有與之對應的發音而被捨棄。吐
蕃語的元音字母與輔音字母，大致上都包括在天竺文的
元、輔音字母之中。屯米以其創意從天竺文的十六個元音
中選取了合乎吐蕃語的四個元音。天竺語有些詞語的發音
對應吐蕃語，例如：天竺語「艾嘎」（數詞一），蕃語作
「久」（譯注：此處引號中的內容為譯音；括號中為譯
義）。因天竺語中沒有「嘉」這個輔音，故吐蕃文就增加
了一個輔音字母「嘉」；又如：天竺語「達摩」（法），吐
蕃語作「齊」，天竺語中沒有「恰」這個輔音，吐蕃文又
增加了一個輔音字母「恰」；天竺語「勞噶」（世間），吐
蕃語作「久旦」，天竺語中沒有「加」這個輔音，吐蕃文

屯米桑布札創制吐蕃文字，博識聲明，翻譯佛經，成為吐蕃歷史上最早的文字大師和翻譯大師，被譽為文殊菩薩的『語之化身』

又增加了一個輔音字母「加」；天竺語「那瑪」（敬語），吐蕃語作「希薩」，天竺語中沒有「夏」這個輔音，吐蕃文又增加了一個輔音字母「夏」；另外，因

吐蕃語沒有天竺語的長短音之分，故又增加了一個半元音字母「阿」。這樣一來，吐蕃文新創了天竺文中所沒有的「五個半」字母。再則，所謂「原音用法」，是指吐蕃語用天竺語的原音作讀寫密咒之用。

吐蕃文是由「拼音規則」與「音素符號」拼合書寫的。它有五個前置字，十個後置字（譯注：原文十個後置字的排序與現行傳統語法的排序有所不同），前後置字的作用是為了不使（詞的音、形、義）混淆。另有一說，吐蕃文的輔音字母「嘉」取自屬盧氏地名；「薩」取自薩霍爾地名；「夏」取自象雄地名；「阿」取自阿廈地名；「恰」與「加」來自靈感；而下加字及其他分支結構則完全是智慧的獨創。吐蕃文依據天竺文的五十個字母攝集轉換為三十個字母，但其中的五個半字母是天竺文中所沒有的。所渭「五個半字母」中的「半個字母」，是指字母「阿」只能作為前、後置字配置，故名。

屯米桑布札學成之後，他在天竺又求得一批大乘佛經，諸如《正法如意珠陀羅尼》、《無量瀑流遊戲經》、《瀑流巴擦經》和《大悲蓮華經》等。屯米將這批佛經帶回吐蕃獻給了贊普，贊普為之大喜並命屯米桑布札解讀其祖上拉妥妥日年謝所遺「玄祕神物」。屯米經識讀譯解，方知原來是《怖摩拉穆達諸佛菩薩名號經》和《寶篋莊嚴

129

經》、《那伽諸佛菩薩名號經》以及《十善法典》等四部
典籍。

屯米桑布札精通文字，博識聲明，成為吐蕃歷史上最
早的文字大師和翻譯大師，被譽為文殊菩薩的「語之化
身」。

贊普松贊干布從此開始潛心修習文字，歷四載而閉門
不出。大臣們對此頗有非議，私下議論說：「陛下修習文
字已逾四載，至今仍足不出戶，莫非他志大才疏，愚不可
及，看來吐蕃黎民的福樂只能靠咱們臣下了。」

贊普聽到這些風言風語後心想：若是任其流長蜚短，
說我愚笨，我將何以服眾？於是他召集臣僚訓示道：「我
深居簡出，修習文字，而你們卻散布流言，圖謀篡權。既
然如此，我現在就頒行『十善之法』以詔吐蕃天下臣民！
往昔吐蕃應立法而未立法，故分裂為十二藩邦。若今後仍
無法可依，必將招致罪孽橫生、禍患無窮，殃及我甥舅子
臣萬民。從今往後，凡我治下臣民，須不殺生，殺人者償
命價千金；不偷盜，偷盜者退賠贓物；不搶人，搶人者償
還原物；不奸淫，奸淫者科以罰金；不妄語、不兩舌、不
綺語、不貪心、不瞋心、不邪見。但凡有違之者，均科以
相應的處罰！」

贊普言畢，大臣們交口稱讚道：「陛下真是一位胸懷

遠大、智慧無窮的英明君主！」正因為他善護正法，心智邃遠，故被稱之為「贊普松贊干布」。

松贊干布依照「在家道德規範十六款」①，制定並頒行了「十善法」②。隨後他心想：如今在我域內可崇佛矣！而崇佛則須有本尊。若用土石造立本尊像未免太差次，用木料造像又易乾裂，用珍寶造像又恐人心叵測，終將毀之於一旦……

日暮時分，贊普還在為造像材料的事費思勞神。忽然，天空中眾天子現身雲端，向松贊干布施過禮後異口同聲地說：「贊普陛下，在天竺南方僧伽羅③島的海濱沙洲上，有一尊羯沙流坡坭神像，在神像背後的沙灘下埋著一棵蛇心旃檀樹，你的本尊就在其中，可前往迎請之。」話音剛落眾天子就不見了。

要說前往（僧伽羅）那地方去迎請本尊，一路山高水險，猛獸可怖，恐怕難以如願。但為了迎請本尊，大悲觀世音的化身贊普松贊干布從眉宇間發出一道光芒，直射望族蒙氏貝卓嗣後的內臣那闍布之女蒙妃赤尊的心際。六、七個月後，就在「喜日」初六與「善日」初七交替之際，蒙妃赤尊生下一子，他就是化身比丘尸羅阿嘎爾瑪迪。這位化身比丘（和他父王一樣）頭頂上也有一尊阿彌陀佛像。他乘著從父王眉宇間放射出的「光芒之馬」，猶如離

131

弦的利箭直射天竺南方去迎請父王的本尊。

　　化身比丘抵達天竺南方後，他先行降伏了香特犍人，隨後又輾轉來到了僧伽羅島。他在當地得悉南方有座伽日那城，城中有座給日宮，當朝國王叫俄瑪達格賽爾。其祖上先王均為內道法王，自他登基後便改奉異教，毀滅佛法、拆除佛寺，立不善之法、行不善之舉，殺生、偷盜、淫邪、妄語，無惡不作。他每日清晨都要令臣下宰殺五隻山羊，用腥紅的血肉來祭祀異教大天神摩訶帝巴。化身比丘決意調伏這位昏君。

　　在這座城市的城南，有一座由飲光佛開光的「蓮輪大寶塔」，化身比丘便繞著這座寶塔騰空跏趺而行。恰巧這時國王俄瑪達格賽爾出遊，登臨位於城中央的一座可俯瞰全城的九層塔樓。他從塔樓南面的瞭望台憑欄遠眺時，遠遠看見有個人騰空跏趺繞塔而行，頓時心生敬意，當即命守塔人道：「有一聖者正繞著蓮輪大寶塔騰空而行，快去把他給我請來！」

　　守塔人趕忙前去傳旨道：「國王陛下有請尊者前去王宮。」

　　那比丘一轉眼就像飛鳥般飛到了王宮。國王盛情款待了他，並朝他頭頂上拋撒了一捧花瓣，繽紛的花瓣隨即化作一頂宛如佛頂上的華蓋，高高懸在他的頭頂上。

　　國王向背朝著他凌空跏趺而坐的化身比丘請求道：「聖僧尊者，您可否每天都到我這兒來給我講經說法呢？」

　　比丘回過頭說：「陛下若能言聽計從，我就天天來，不然我就不再來了。」

　　「只要聖僧肯大駕光臨，我一定俯首聽命。」國王應諾道。

　　於是化身比丘在宮中小住了幾日，並略施神通使得這位國王對他愈加欽佩。這時化身比丘覺得調伏這位國王的時機已到，遂對他說：「國王陛下，你可知道你的祖上先王均為法王，而你卻棄善法、崇外道、毀佛寺，行十不善之惡，造五無間之罪④，真是大逆不道，罪孽深重啊！你若想消除你的罪孽，就得用蛇心旃檀和勝地旃檀各造立一百零八尊佛像並供之於蘭若神殿。你必須放棄外道邪說而像先祖那樣善持佛法！」

　　國王嘆道：「無論尊者說什麼，我都一一照辦，可那蛇心旃檀只在密嚴剎土才有，我怎能得到它呢？再說那勝地旃檀生長在瑪拉雅山上⑤並有毒蛇纏繞，我更是無法得到。故請尊者收回成命，再說別的什麼我都遵命。」

　　化身比丘告訴他說：「在南面大海邊羯沙流坡坭神像的背後有一群大象，那蛇心旃檀就埋在其中一隻大象臥下的沙灘裡；在普陀山北麓有一片柏樹林，每當十五的明月

133

升起的時候，紅豔豔的勝地旃檀花便會在林中綻放，只要找到了那紅花就能找到勝地旃檀樹。你可照我說的去找，不過為了能如願以償，應事先祭祀蓮輪大寶塔，以期得到如意妙果與殊勝成就。」

國王按照化身比丘的授意舉行了盛大的祭祀。這也是佛教徒凡舉事之前都要進行祀奉儀軌的慣例。隨後，化身比丘與國王一起率眾前往尋覓那稀世的蛇心旃檀和勝地旃檀。

他們一行到達海濱後，國王問蛇心旃檀究竟埋在哪隻大象的臥下，比丘告訴他說：「就在象群中那隻面朝東方，鼻子發紅，眼角酥黃，嘴裡不時發出哼哼聲的大象臥下。」

如此說來，那蛇心旃檀為何偏偏就在那隻大象臥下的沙灘下呢？往昔滅累佛曾駕臨世間攝持諸有情。彼時有位名叫「持明轉輪」的持明者⑥為了供奉滅累佛，特地從密嚴刹土求來一束蛇心旃檀花。他在歸途中路過羝沙流坡坭像時，順便將一朵蛇心旃檀花獻給了這尊神像。這朵花恰好被拋獻在神像的頂髻上，後來被海風吹落到地上漸漸化成了一個花苞。

說來話長，這尊神像左手握著一株菩提樹，每逢每月上旬的初八和下旬的二十八日，這株菩提樹便會滲出甘

露。每當此時，眾智慧空行母便紛紛前來競相汲取甘露。偶爾有一回，在一個二十八日的夜晚，她們聚會在菩提樹下靜候甘露滴落時，其中有位空行母唯恐自己汲取不到甘露，便索性赤身裸體地上前用雙手去接。這下子逗得大夥都樂了，弄得她自己也羞容滿面，還把手捧中接到的甘露全灑了。灑到地上的甘露恰巧淋在了那朵蛇心旃檀花變成的花苞上。

打那以後，這花苞便在滅累佛示寂時發了芽，在金寂佛入滅時長了葉，在飲光佛圓寂時開了花，在釋迦牟尼誕生時結了果。當世尊涅槃時，這棵蛇心旃檀樹隨之頹然傾倒，被掩埋在沙灘之中。

至於說羯沙流坡坭像又是為何安立於此呢？因為它是觀世音菩薩的化身，它安立於此是為了益利大海之中的諸有情。這尊神像可以使大大小小的一切有情都得到「不退轉之業力」。

那麼，大象為什麼會群聚在這兒呢？要知道「足印之中大象的足印最大，意想之中無常之想至上」。若不知「無常」，則所作所為，皆患得患失，以致於一切行為，諸如聚斂財富、貪官求榮等等，都將成為輪迴於三惡趣之因（原注：三惡趣即地獄、餓鬼、畜牲）；若了知「無常」，則不為「世間八法」⑦困擾，一切所作所為都將成為輪迴

於三善趣之因，而悟此道者便稱之為「佛」。大象在海濱漫遊是為了消夏避暑。那隻大象緣其通慧，牠一上岸就帶著象群臥在埋著蛇心旃檀樹的沙灘上，這樣便可免受酷暑炎熱之苦。大象有八畏怖，即：一畏入水淹死，二畏墜坑摔死，三畏野火燒死，四畏雷電擊死，五畏瘟疫病死，六畏獅子咬死，七畏山崩砸死，八畏被人殺死。正因為蛇心旃檀可使大象免遭八畏怖侵害，所以牠們才安然臥於蛇心旃檀之上。

化身比丘與國王及其隨從一起在那隻大象臥過的地方下挖，果然挖出了一根蛇心旃檀樹幹。樹幹被攔腰截斷的瞬間，樹心的一個小孔放射出五彩的光芒，旋即又沒入孔中。這便是所謂「隨所化之境，現應化之身」的象徵。不一會兒，那小孔中又發出了三聲「輕輕劈開、輕輕劈開」的聲音。樹幹被小心翼翼地劈開後，一尊潔白如玉的蛇心旃檀天成十一面大悲觀世音像呈現在眾人面前。

這尊聖像有十手十一面：其根本雙手，胸前合十；下面的雙手，一手摸著念珠，一手持著白蓮；再下面的雙手，一手揮著輪和劍，一手舉著淨水瓶；再下面的雙手，一手拎著甘露瓶，一手拿著如意樹；最下面的雙手，一手托著一尊神像，一手執著一副弓箭。十一面的根本三面端莊安詳，其上是增廣三面，又上是灌頂三面，再上是忿怒

之面，最上是阿彌陀佛之首。

國王把這根蛇心旃檀木的一半奉送給了化身比丘，用另一半造立了一百零八尊十一面大悲觀世音像。

隨後，國王又親率四支大隊人馬陪同化身比丘前往普陀山。在一個十五的夜

十一面大悲觀世音菩薩

晚，他們在皎潔的月光下，終於在柏樹林中找到了紅豔豔的勝地旃檀花。為什麼所有的花卉都是在陽光下開放，而唯獨勝地旃檀花卻會在月光下盛開呢？其原因是勝地旃檀性清涼，與之相宜的月光清冷爽朗，故勝地旃檀花只在月光下才綻放。

這棵勝地旃檀樹被伐倒後，比丘和國王一人分了一半，樹根被國王用來作靈塔的中柱木。國王用他分到的勝地旃檀木造立了羯沙流坡坭菩薩和集密菩薩、不空絹索菩薩、馬頭明王菩薩、千手千眼菩薩、永斷輪迴菩薩、四手

十一面菩薩等一百零八尊菩薩像，並一一安立在新建造的一百零八座寺廟中。化身比丘也拿出自己分到的一部分勝地旃檀木造立了一百零八尊度母像，分別安立於國王所建的一百零八座寺廟之中。

從此，國王棄外道異教，奉祖上所崇善法，他本人也成了一個虔誠的佛教信徒。化身比丘後來在俄瑪達格賽爾國王的國度，擇良辰吉日，於日暮時分，為舉國臣民舉行了大圓滿灌頂。繼而他又在乘馬十二日行程的方圓內，廣行十善之業無數。

當地海島上繁花似錦，芳草如茵，無以數計的仙女在這裡盡享善法之逸樂。化身比丘情知她們都是菩薩的化身，故特地在此採擷了一束芳草。他還知道在那座由飲光佛開光的蓮輪大寶塔中，裡七層外七層地密封珍藏著一摩揭陀克零三升滅累佛、飲光佛和釋迦牟尼佛的舍利。他俟機開七道門，啟七關封，分別從三個金倉的三只七珍寶匣中，取出三如來佛的舍利一摩揭陀升，然後將此塔又封閉如初。

化身比丘（歸返吐蕃）途經摩揭陀國時，摩揭陀國王親自出迎。頭頂上長著阿彌陀佛像的比丘抵達中土的消息一下子就在當地傳開了。

在歡迎比丘的人群中，國王的兩位公主欣喜若狂，情

不自禁地載歌載舞起來。看熱鬧的人群中有人指責她倆說：「二位公主難道是劣種女子嗎？」

「你們這是什麼意思？」公主反問道。

對方說：「歌妓舞女都是些劣種之女，二位公主如此有失體面的樣子，豈不是在敗壞王族的德行嗎！」

公主面帶慍色地回斥道：「爾等匹夫何出此言，難道向比丘敬獻歌舞就成了劣種女子嗎？」說罷，二位公主還是那樣興高采烈，還盪鞦韆似地從菩提樹上折下一根樹枝，摘了一朵美麗的菩提花獻給了化身比丘。

比丘隨後在天竺雲遊了八大聖地，他每到一處都看見那裡的每粒沙土上都聚集著無以數計的菩薩化身，便隨身帶了少許那裡的沙土。當行至尼蓮禪河畔時，他在釋迦牟尼苦行時曾放置鉢盂的遺址上，看見這裡的每粒沙子上都聚集著數不勝數的菩薩化身，又特地帶了這裡的淨沙一升。

當化身比丘攜帶著他從天竺南方求到的五種稀世珍寶和從中土聖地覓得的五種殊勝之物等十種可資供奉的聖物回到雪域後，他在雅隆彰智上苑觀見了父王松贊干布，並將這些珍稀之物一一獻上。然後，他繞著父王轉了三個圈，行了三次禮，便沒入父王的眉宇間。

贊普松贊干布隨即挑選了十六名供養女，夜以繼日地

供奉這些聖物。

　　化身比丘阿嘎爾瑪迪迎請本尊之第九章竟。

注釋

①世間道德規範十六款：松贊干布時制定頒行的律令，即：一、敬信
　三寶；二、求修正法；三、報父母恩；四、尊重有德；五、敬貴尊
　老；六、利濟鄉鄰；七、直言小心；八、義深親友；九、追蹤上
　流；十、飲食有節，貨財安分；十一、追認舊恩；十二、及時償
　債，秤斗無欺；十三、慎戒嫉妒；十四、不聽邪說，自持主見；十
　五、溫言寡語；十六、擔當重任，度量寬宏。

②十善法：不殺生、不偷盜、不邪淫、不妄語、不兩舌、不惡口、不
　綺語、不貪、不瞋和不邪見。

③僧伽羅：錫蘭，今斯里蘭卡，亞洲南部印度洋中的一個島國。

④五無間罪：弒父、弒母、殺阿羅漢、破僧和合、惡心出佛身血。

⑤瑪拉雅：梵文意為香山，傳說中藥都善見城西面的一座山名。

⑥持明：明謂密乘本尊大樂智慧，持即深入修持此智。指修持密乘，
　證得成就者。

⑦世間八法：對自己稍有損益即生喜怒的世間八事，即：得與失，榮
　與辱，稱與毀，樂與苦。

第十章　迎娶赤尊公主

　　此情此景，依十方諸佛與眾菩薩之所見：大自在大悲觀世音菩薩為弘傳佛法，自普陀山親臨雪域吐蕃化身為此方君主；而光明度母則化身為赤尊公主，攜三尊聖像與贊普千里來相會。贊普與公主會面時，渾身光芒四射，遍照雪域，剎那間使所有吐蕃眾生獲得了猶如金剛斷除一切煩惱的三昧之勝樂。

——題記

　　贊普松贊干布自從依怙本尊迎抵雪域吐蕃後，他深為時下可望順利地利樂眾生而感到欣慰。那麼，究竟在何方舉此益利眾生之大業為宜呢？他前思後想，忽然想起先祖吉祥金剛手大勢至菩薩（譯注：此處原文作普賢菩薩）的化身拉妥妥日年謝王，曾在烏如吉雪的拉薩紅山上駐錫過，並賦之以神力加持。

　　贊普經過深思熟慮，決意遷徙到吉祥如意、堪興佛法的烏如吉雪，在那裡一舉益利吐蕃眾生之大業。他當晚就把本尊神像及其他供奉物品等裝上筏子，連夜啟程前往父王南日松贊居住過的烏如扎多察。

　　贊普一行一直走到一處形似大鵬展翅的懸崖下才下帳宿營。內臣那闡布陪贊普到河邊洗漱時，忽見河中放射出六道光芒。那闡布忙問陛下：「這六道光芒是怎麼回事？」贊普說：「愛卿，一切法之奧妙精要，盡在『六字真言』之中。這六道光芒所顯示的正是六字真言之意，它預示我將在此地名揚天下，並廣遍利樂諸有情。」贊普所說的正

白度母

是「吉瑞耶倡」六字真
言，也是吐蕃最早的
「天成六字真言」。

贊普在烏如吉雪的
紅山上興建的宮殿落成
後，他心想既然自己是
觀世音菩薩的化身，曾
在阿彌陀佛座前承諾要
對生息在雪域的眾生護

佑如子，就不僅要為他們的衣食財物這些一時的安樂操
勞，更要為他們安於「空性中道」，謀求長治久安而勵精
圖治。

如何才能達到這一目的呢？贊普遂向蛇心旃檀天成十
一面大悲觀世音本尊像祈願。本尊像從眉宇間放射出一白
一綠兩道利箭般直射西方和東方的光芒。

贊普順著射向西方尼泊爾雅博與雅嘎城的那道白色光
芒極目遠眺，他遙遙望見尼王尼泊拉智洛哈（盎輸伐摩王）
陛下的女兒赤尊公主①。公主妙齡二八，肌膚白裡透紅，
口含白蓮馨香，舉止文靜典雅，具足諸種相好，煞是嫵媚
動人。這女子不僅花容月貌，且堆金積玉。贊普預見，若
與赤尊公主成婚，吐蕃不僅可以因此而得到釋迦牟尼八歲

等身不動金剛像和由飲光佛加持開光的彌勒法輪像以及天成旃檀度母像，還可一字不漏地得到尼國諸如《佛說大乘莊嚴寶王經》、《白蓮華經》等所有佛經以及五部陀羅尼②等其他經藏。

接著，贊普又順著那道綠色的光芒舉目遠望，他遠遠看見東方京都蓋希萬門城中漢唐皇帝的女兒文成公主。這女子芳齡一十有六，玉肌皙嫩澤亮，口含白檀芬芳，身著七彩霓裳，舉止典雅大方，才華經天緯地，美貌國色天香。贊普預見，若與文成公主聯姻，吐蕃不僅可以因此而得到作為陪嫁的釋迦牟尼十二歲等身金像，還可憑藉這尊佛像的加持神力，一字不漏地獲得漢唐的所有佛經。

次日早朝時，大臣屯米桑布札與噶爾東贊前來向陛下請安。贊普吩咐侍從給兩位愛卿備上御酒。杯來盞往之間，贊普向兩位大臣說起昨晚的託夢：「我昨晚夢見兩位具足諸種相好的女子，一位是羞花閉月的尼泊爾白公主，一位是落雁沉魚的漢唐綠公主。」屯米情知這是陛下憑藉神光之所見。

兩位大臣啟奏贊普道：「恭請陛下不要把昨晚的託夢告訴其他任何人，迎娶兩位公主的事就讓臣下二人去辦好了。」

大臣噶爾東贊隨即傳令召集七座城邑的首領，命他們

於次日日出時分，每人攜帶一份贄見禮前來臥塘湖畔，在草地與山林交界處的沙洲藤苑議事。

翌晨拂曉，大臣噶爾東贊玉桑、屯米桑布札與智賽日貢敦、覺繞巴桑、拉隆巴桑、瓊布巴桑、涅斯欽等七位首領聚會在一起。他們把各自帶來的禮物集中到了一塊，其中有兩人帶來兩隻羊後腿，兩人帶來兩隻羊前腿，另兩人一個帶來了前胸，一個帶來了後脊，還有一人帶來的是羊脖子，合起來便是一隻全牲。大臣屯米桑布札對此大為讚賞道：「諸位首領帶來的禮物再好不過了，這是個好兆頭，這七樣禮物斤兩雖少但寓意不小呵！」接著他又作了一番吉祥讚辭。

大臣噶爾說：「這小小的七樣禮物所寄託的宏願，就是要迎娶西方尼泊爾國的『白女』公主和東方漢唐之地的『綠女』公主為贊普陛下的后妃。」各位首領經商議，一致贊同迎娶這兩位公主。隨後，他們又去向贊普請示迎娶二位公主的相關事宜。

贊普降旨道：「善哉！善哉！我意欲在孟秋（藏曆七月）初八，太陽從紅山升起的時候，派百人使團出使請婚。攜金幣一百作為向尼王請婚的贄見禮，帶沙金一升作為聘禮，那件用天神珍寶鑲嵌而成的金鎧甲作為給公主的彩禮，再給尼王陛下獻上一件珠寶瓔珞披風，敦請尼王把

赤尊公主嫁給雪域贊普。尼王若再三悄然推辭，你們就將這三個金、銀、銅函匣依次遞上。在往返的途中，你們要不停地念誦金光眾生主母（白度母）的名號，這樣方可保你們馬到成功並順利歸來。

　　「迎請漢唐公主的使命，仍然由百人請婚使團承擔，要帶的聘禮與尼泊爾公主一樣。要是漢唐皇帝一再憤然不允，就同樣把三個金、銀、銅函匣依次呈上就是了。在往返途中，要不停地念誦至尊綠度母的名號，這樣你們便可大功告成。」

　　隨後，大臣們就先迎娶白、綠哪位公主的事宜又商量了一番，最後決定先行迎娶「白公主」。一切準備就緒後，請婚使團依照贊普的旨意，如期啟程上了路。

　　請婚使團抵達尼泊爾後晉見了尼王。大臣噶爾將金鎧甲等請婚禮物奉獻於尼王座前，並親手把珠寶瓔珞披風披在尼王身上。接著，由大譯師屯米桑布札翻譯，大臣噶爾啟奏尼王道：「吉吉（發語詞），尼王陛下，這件金鎧甲具有無量功德，當人畜瘟病流行時，只要穿上它繞城一周，即可祛除瘟病；若穿上它出征疆場，就能所向無敵。我受贊普之託，把這件舉世無雙的神奇寶物獻上，懇請國王陛下恩准把赤尊公主嫁給我邊鄙吐蕃贊普。」

　　尼王面帶慍色地說：「阿巴（感嘆詞），爾等吐蕃君

147

臣也欺人太甚了吧！婚嫁豈能靠聘禮？我比你們的贊普強百倍。我尼國自飲光佛時就有善法，還有無數佛像、佛經和佛塔等應供之所依；早在訖栗枳王在位時就已摒棄了十不善，頒行了金軛般的十善王法；我尼國炊煙不曾間斷，鍋底未曾朝天，歡歌不絕於耳，吃穿享用不完。你們吐蕃餓鬼城之王哪有這一切？豈堪與我攀親！再說，在你們那沒有法度的地方，暴行肆虐，弱肉強食，民不聊生，我豈能把公主嫁給你們的贊普。你們還是先回去回稟贊普，問他能否棄十惡從十善，頒行金軛般的王法，信奉綾結般的佛法。若能做到，我就把赤尊公主嫁給他，否則休想與公主成婚。請他答覆後再說吧！」

大臣噶爾又奏道：「國王陛下，尼蕃相距遙遠，若是為了這一問一答而往返奔走於崇山峻嶺之間，豈不就耽誤了迎娶公主的大事？我這裡有贊普捎來的信函，呈請陛下過目。」大臣噶爾說著先將金函匣遞上。

尼王打開金函匣一看，一封藍紙金粉書寫的尼文信函上寫道：

吐薯贊普松贊干布致尼泊爾國王陛下：

我松贊干布出身王族非劣種，我吐蕃王統可上溯到先王南日松贊、矗赤贊布、釋迦王族、眾敬王

族直至光音天之子具力和力友。陛下藉故說我無有
王法，有了王法才肯嫁予公主。既然如此，我可即
刻變化出化身五千，一日之內在雪域吐蕃建立王
法。陛下難道對此不感到驚奇嗎？你要是執意不肯
嫁給我公主，我的化身大軍將把尼國夷為平地！

尼王看完信後暗自詫異，心想這邊鄙吐蕃之君，竟然
如此料事如神，我問使臣的話，他竟在捎來的信函中作了
答覆。這個化身國王看來不怎麼好對付。

尼王身為一國之君，畢竟氣度非凡，他又對吐蕃使臣
說：「作為一國之君，僅有王法不足為道，還應有善法，
要能使自他盡皆成佛。故須造立身、語、意之所依佛像、
佛經和佛塔並虔誠供奉之。對上師、僧侶和善知識也要侍
奉供養。否則，眾生將始終輪迴於地獄，受苦受難永無出
頭之日。我早在飲光佛時起就有了奧妙善法，你們的贊普
若能開創崇信奧妙善法之風尚，我就把公主嫁給他，否則
便休想！你們還是回去領受了贊普的答覆再來吧。」

大臣噶爾又將銀函匣呈上並道：「國王陛下，尼蕃相
距遙遠，若僅為討個回話而往返奔走於途中，豈不耽擱了
迎娶公主的大事！請陛下一閱贊普捎來的信函。」尼王打
開銀函匣，見一封青紙銀粉書寫的尼文信函上寫道：

吐蕃贊普松贊干布致尼王陛下：

　　我松贊干布乃西方極樂世界號稱法身無量現，
或稱怙主無量壽，或稱無量光佛的弟子大悲觀世音
菩薩的受身。陛下以我無善法為由而拒人千里之
外，既然你如此崇信善法，有了善法才肯嫁予我公
主，那麼我可隨時變化出無數身、語、意之化身，
立刻建造出一百零八座寺廟，且座座寺廟的山門都
朝著你尼國而開。我可一日之內開創崇信佛法之風
尚，陛下對此難道不感到震驚嗎？你若依然執迷不
悟，我的化身大軍將踏平你的國土。

　　尼王讀完信後，他心想要是果真如此，吐蕃贊普豈不
勝我一籌嗎？我問請婚使臣的話，他竟在捎來的信函中一
一作了答覆。尼王對此不免有些驚惶不安。雖說他此時心
裡已默許了公主，可嘴上還是不肯答應。

　　尼王畢竟氣量非凡，他故作鎮靜地又對吐蕃使臣說：
「你們贊普的口氣還真不小，這沒什麼了不起！作為一國
之君，當有取之不盡，用之不竭的財富。我尼國自訖栗枳
王那時起，就炊煙不斷，萬姓臚歡，物阜財豐勝過財神多
聞子。如若你們的贊普也能像我一樣富有，我就把公主嫁
給他，否則恕不應允。你們還是回去奏明贊普後再說

吧。」

　　大臣噶爾又遞上一只銅函匣說：「吉吉，國王陛下，要是如此往返傳話，來回長途跋涉，那何時才能與公主結百年之好呢？還是呈請陛下看看贊普捎來的信函是怎麼答覆的吧！」

　　尼王取而視之，見一紙藍色的信箋上，用金、銀、銅粉寫著尼文道：

　　　　吐薯贊普松贊干布致尼王陛下：

　　　　　　我的父王南日松贊採金於才邦山，挖銀於拉堆山，掘銅於昌布山，煉鐵於惹嘎山，還在北方的拉措湖發現了鹽；他馴野牛為犛牛，馴馬鹿為黃牛，馴野羊為綿羊，馴麝獐為山羊。我雪域之地五穀豐登，六畜興旺，衣食寬裕，財貨充盈。你說你富埒財神，卻說我一貧如洗。既然你嫌貧愛富，一心想把公主許配個大富翁，那麼我可隨時變化出六個百萬又五千個十萬之眾的化身，來受用五千種各不相同之色、五千種各不相同之聲、五千種各不相同之香、五千種各不相同之味、五千種各不相同之觸；我可讓蒼天普降五穀之雨，讓大地遍流如意牛奶；我可打開雪域豐富的寶藏，讓你尼國也有賴於我吐

蕃的金銀財寶。你難道對此不感到震驚嗎？你若還
不肯把公主嫁給我，我的化身大軍就讓你山河破
碎！

閱畢信函，尼王大為震驚，心想自己問吐蕃使臣的
話，他竟然在捎來的信函中一一作了答覆。吐蕃贊普不僅
通曉尼文尼語，且對我與請婚使臣會見的情景猶如親眼所
見一般，看來他果真是化身。與之相比，自愧莫如啊！我
要是不把公主嫁給他，他定會率化身大軍親征，破我城
池，毀我江山，終將擄我公主去也。

想到這些，尼王隨即召來公主問道：「兒啊，你願嫁
給吐蕃贊普松贊干布嗎？」

公主回稟道：「孩兒不願遠離父王母后，去那既無王
法，又無佛法，更無富貴榮華的邊鄙之邦！」

「這可於事無益，你要是執意不肯嫁到吐蕃去，必將
招致吐蕃贊普率化身大軍來犯，到那時毀了江山殺了我，
最終還是要搶走你。如此看來，倒不如早做出嫁的準備為
宜。」

既然非得遠嫁吐蕃不可，光明女神白度母的化身赤尊
公主啟稟父王道：

　　　　吉吉父王聽我說：

人稱吐蕃旃陀羅③，
邊鄙荒涼不開明，
佛與菩薩未蒞臨。
沒有積福之所依，
更無僧寶輔王君，
不知有為無為法，
蒙昧猶如墜煙雲。
瞋恚成性吐蕃人，
似是羅剎之子孫，
言語輕妄心不正，
盡皆旁生獼猴種。
若要孩兒去吐蕃，
啟請父王賜予我，
彌勒、度母、金剛佛，
讓我供奉積福德。
人說吐蕃餓鬼城，
遍地哀鴻嗷嗷聲，
啟請父王賜予我，
財貨珍寶享終生。
雪域吐蕃卡瓦堅，
冰峰雪嶺不勝寒，

啟請父王賜予我，

和衣暖襖一生穿。

孩兒此去異邦國，

種族不同風情殊，

啟請父王告訴我，

為人處世應如何？

父王然那迪巴（意為天寶）道：

掌上明珠似明眸，

且聽父王告訴你：

雪域吐蕃乃勝境，

山高水長地秀靈，

雪峰好比盤羊頸，

冷暖清涼最宜人，

勝似天界無量宮。

四江飛瀉奔流急，

四海旖旎風光麗，

群山處處埋寶藏，

沃野千里翻金浪，

六畜興旺五穀香。

吐蕃眾生非旁生，

天神降凡作人君；

雖無四眾佛弟子，
萬民皆係菩薩種；
雖無我佛之善法，
贊普律令治天下；
雖無僧寶座上賓，
贊普本人即化身。
孩兒若願去吐蕃，
不動金剛賜予你。
此佛珍寶集大成，
檀越天王帝釋天，
造立神匠工巧天，
加持開光薄伽梵。
世尊佛陀有道是：
「無論我住或我滅，
住時頂禮真身我，
滅後供奉替身佛，
此其別無二致也。」
欲得洪福應供佛，
為獲無量之功德，
父王願將金剛像，
賜予愛女作供養。

天成彌勒轉輪佛，
世尊親自加持過，
賜你供奉積功德，
來世轉生蓮座側。
天成旃檀救度母，
殊勝可救八畏怖④，
能斷諸垢得永淨，
能證諸德成全覺，
此像賜你作陪奩，
供我嬌兒積福德。
若問處世應如何，
眼界要寬似蒼穹，
舉止要輕似涓流，
氣度要高似須彌，
笑靨要美似睡蓮，
貞操要牢似綾結，
待人要柔似素絹，
言辭要和似唐帛。
康健要勝似靈丹，
理財要勤似家鼠，
親情要黏似膠漆，

寬容要深似大海，

耐心要穩似大地，

做事要快似閃電，

潔淨要勝似白蓮。

待賓朋要像侍從，

對下屬要像親人，

禮賢哲要像至尊，

愛子民要像母親。

行善要像放歌喉，

疾惡要像避蛇蠍，

信仰要崇信善法，

綺語要緘口莫言，

敬信要敬信三寶，

飲食要節如服藥，

利他要視如命根，

心靈要明如星辰，

日常要早起晚睡，

做事要善始善終。

「孩兒若能依照父王的囑咐行事，即合天理又合人倫矣。父王願將七座寶庫中的財貨珍寶，滿載七頭大象送你作陪奩，還將賜予你各種工巧之術和神妙器具以及眾多的

工匠僕從。我還要親自為你選定最好的商貿市場和通商口岸。孩兒啊，從今往後不要再依戀家鄉，廝守故土。你此去雪域吐蕃，要弘揚善法，輔佐贊普，四方遍修三寶之所依，八方廣造釋迦牟尼像，要棄惡揚善，使萬民愛戴。」

尼王為女兒備好嫁妝後親自為她送行。公主騎著大象，手秉旃檀度母像，隨行攜帶著不動金剛像、彌勒法輪像和《白蓮華經》等各種佛經以及五部陀羅尼，還有眾多的工匠、僕從和七頭大象滿載的財貨珍寶。尼王一直把公主送到了尼蕃交界的地方。

當公主一行走到水流湍急、山路崎嶇的地方時，公主也不得不徒步跋涉。到了門隅⑤後，公主換乘白騾，佛像、佛經和佛塔轉由七頭犛牛馱載，七頭大象滿載的財物由五百匹騾馬來轉運。

經過千山萬水的長途跋涉，赤尊公主終於在紅山宮與贊普松贊干布相會。

此情此景，依十方諸佛與眾菩薩之所見：大自在大悲觀世音菩薩為弘傳佛法，自普陀山親臨雪域吐蕃化身為此方君主；而光明度母則化身為赤尊公主，攜三尊聖像與贊普千里來相會。贊普與公主會面時，渾身光芒四射，遍照雪域，剎那間使所有吐蕃眾生獲得了猶如金剛斷除一切煩惱的三昧⑥之勝樂。

依眾天神之所見：贊普與公主伉儷二人，渾身華光燦爛，身旁圍繞著無數菩薩，每個菩薩的身邊又圍繞著無以數計的弟子，他們都在凝神聆聽著善法妙音，盡情享受著聞、思、修之樂⑦。

而在平常人們的眼裡：贊普松贊干布與尼妃赤尊公主喜結良緣，兩人互贈毛編酥油鉤，交杯喝著肉湯美羹，換盞品著馬奶子酒，不時還在一起「抓骨臼」。伉儷二人耳鬢廝磨，兩情繾綣。

婚後不久，公主發現贊普在宮中總是守在十一面蛇心旃檀觀世音像旁，甚至連一箭開外都不肯離開。儀容偉岸，神奇超凡的夫君，怎麼會如此膽小怕事、規行矩步呢？她本想問問明白，又因贊普能聽懂她的話，她卻聽不懂贊普的話，故欲言又止。公主竊以為贊普這是怕外敵來犯，自己應設法讓他放下心來。

赤尊公主珠光寶氣地打

松贊干布時期的紅山宮。雄偉壯麗的布達拉宮就是在此基礎上修建的。

扮好後，又在額頭上纏了一條白綾帶，然後在面前擺了一
只從尼泊爾帶來的鉢盂祈禱起來。不一會兒，鉢盂中變出
各種各樣的瓊漿玉液和五花八門的美味佳餚，公主把這些
東西統統賄賂給了男女夜叉，役使他們動工擴建紅山宮。

　　依山就勢擴建的紅山宮，儼然是一座雄偉的城邑。一
道磚砌的四方城牆圍繞著紅山，虎獅二山雄踞其中。這道
城牆長約一由旬（約合二十華里），高三十四（原文無量
詞），相當九層城堡那麼高。九百九十九幢磚砌的紅宮殿
宇，雕梁畫棟美不勝收，飛簷翹角金碧輝煌，牌坊聳立蔚
為壯觀，其景觀勝似天界之境；那一行行薄拘羅與如意樹
綠蔭掩映，一排排白銀鑲嵌的窗櫺上懸掛著珍珠纓絡，一
串串鑾鈴隨風搖動發出陣陣悅耳的聲響，其景觀一如人間
之境；贊普數以千計的宮舍居高臨下，宮頂上旗桿林立，
彩幡飛揚，其景觀猶如令人望而生畏的羅剎之境。這座城
邑易守難攻，即使四方鄰國舉兵來犯，只需兵卒五人，一
人在贊普宮頂瞭望，其餘四人各把守一面城門，即可禦敵
於城下。

　　在贊普宮殿的正南上方，建有一座粟特族人建築式樣
的九層后妃宮殿，規模之大與贊普的宮殿不相上下。其內
裡勝似天界無量宮，外觀猶如羅剎楞伽城。贊普與后妃的
宮殿之間飛架著一座金銀橋。

　　在宮殿的東門外，建造了一處贊普的跑馬場。其深有兩人高，寬十八庹，長三百庹。地基是用陶土、磚塊和木板一層層鋪成的，跑道兩壁的柵欄上塗了色，上了漆，還裝飾了許多珠寶，甚是富麗堂皇。跑起馬來，一馬奔馳便有萬馬奔騰之勢。馬蹄聲聲，一陣清脆悅耳，猶如會誦「四諦」⑧；一陣鏗然作響，彷彿宣說「法印」⑨。

　　在這座宮宇疊砌，氣勢巍峨的城邑之中，寶庫充盈，衣食豐裕，應有盡有，一派昇平景象。

　　城堡的東門叫「虎門」，南門叫「豹門」，西門叫「威德門」，北門叫「嘉冒神變門」。

　　紅山宮的如此情形及君臣事蹟，在拉薩幻顯神殿（大昭寺）西側的牆壁上繪有壁畫。

　　迎娶赤尊公主之第十章竟。

注釋

①尼妃赤尊公主：尼泊爾梨車毗王朝益輸伐摩王（光冑王）之女。公元634年（木馬年）與松贊干布聯姻。赤尊公主嫁到吐蕃時隨行請來了釋迦佛八歲等身不動金剛像、彌勒法輪像和天成旃檀度母像等珍貴佛像及部分佛經。藏史稱她主持修建了大昭寺。

②五部陀羅尼：一說為事部本尊大千摧破佛母、大孔雀佛母、隨持佛母、大寒林佛母和隨行佛母的陀羅尼咒；另一說為尊勝佛母、離垢

佛母、妙密舍利、事莊嚴十萬和緣起藏陀羅尼。均為塔、像裝藏時所用的咒文。

③旃陀羅：古代印度社會四大種姓中最下一等種姓，包括鐵匠、屠戶、漁家、紡織工和盜匪等。

④八種怖畏：即八難，獅難、象難、火難、蛇難、水難、牢獄難、賊難和非人難。

⑤門隅：門巴族聚居區，地處西藏山南地區所屬錯那縣境內。

⑥三昧：禪定、等持，梵音譯作三摩地，略作三昧。於所觀察事或所緣，一心安住穩定不移的心所有法。

⑦聞、思、修：從他聽聞，心有領會為聞；依教依理如法思考所聞義理，生起定見為思；反覆熟練如是聞思所生定見，去除疑惑為修。

⑧四諦：釋迦牟尼初轉法輪所說總括一切生死涅槃因果、應取捨事之四聖諦，即苦諦、集諦、滅諦和道諦。此等四法，於聖智前，確定諦實，無錯亂故，名四聖諦。

⑨三法印：印證佛語的三種標幟：即諸法無我、諸行無常和有漏皆苦。

第十一章 迎請文成公主

皇上為即將遠嫁吐蕃的愛女置備了極為豐厚的嫁奩，並將那尊被漢人視為稀世之寶的唯一供奉之所依——釋迦牟尼十二歲等身金像也作為陪嫁送給了公主。為此，漢人們夢中出現不祥之兆，遂有人上奏道：「啟稟皇上、皇后、皇太子：我們既然已失去了賢慧的公主，為何還非要把如意之寶（世尊佛像）也拱手送給吐蕃人呢？」

——題記一

漢唐萬民異口同聲道：「善哉，善哉！文成公主與吐蕃贊普真乃前世有緣。釋迦牟尼佛像似已圓滿畢竟了對漢唐眾生的益利，也該駕臨吐蕃利樂那裡的眾生去了。」

——題記二

公主經占卦方得知：吐蕃中心地帶烏如拉薩吉雪河谷，有一名叫「臥塘湖」的湖泊，此湖正是羅剎女的心臟部位，湖水便是羅剎女心房湧動的血液……拉薩這地方形似八瓣瑞蓮，四周八寶呈祥，天空八輻輪轉，此其盡皆妙勝功德之緣起。若在臥塘湖建造一座寺廟將對雪域吐蕃功德昭彰。不過此地尚有尋釁作亂之五敵，需要克敵制勝之五法。

——題記三

在四周群山的背後，東面有蓮花盛開狀之山，南面有珍寶堆積狀之山，西面有寶塔林立狀之山，北面有海螺置於綾帛狀之山。由此而得知，此方將有諸多洪福齊天之人和眾多登地菩薩及任運超凡的菩薩蒞臨，也將是善男信女雲聚之地，故四面八方的人們都將紛至沓來。

——題記四

　　繼蕃尼聯姻之後，大臣們又祈請贊普迎請東方漢唐女文成公主①。

　　贊普松贊干布降旨道：「命大臣噶爾率使臣百人赴東國京都迎請文成公主。攜金幣一百作為向漢唐皇帝的請婚贄見禮；以金旺姆一百作為請託獻禮；把那件上上等金袍獻給皇帝御著；將那頂功德殊勝的紅蓮寶石穗吠琉璃頭盔，作為文成公主的身價金獻給皇帝陛下。再帶上這三只函匣，當陛下向你們藉故發難之際，就依次遞上，呈請他過目即可。你們在往返途中，要不停地念誦至尊綠度母名號，且要避開烏鴉盤旋噪鳴的地方，如此方可保一路順風，馬到成功。」

　　請婚使臣臨行時還將贊普的敕諭、使臣各自的分工及行程路線編成了歌謠。這便是吐蕃最早的歌謠。一路上他們還編了《山高路險歌》、《鬥智遊戲歌》、《辨認公主歌》和《禳災送祟歌》等歌謠。

　　當吐蕃請婚使團抵達漢地「萬門城」（即長安城）

時，天竺佛法之王的請婚使臣百人，大食財寶之王的請婚使臣百人，沖木格薩爾軍旅之王的請婚使臣百人已先行到達漢唐京都。加上吐蕃的請婚使百人，計有不同種族的四百請婚使臣匯集京都。天竺、大食、沖木格薩爾等各路請婚使團獻禮之後，分別受到皇上的接見和款待。吐蕃使臣一到京都，就託請唐丞相敬獻金旺姆一百，請求晉謁皇上。不料皇上輕視吐蕃使臣，遲遲不肯接見。

七天之後，吐蕃使團方得晉見皇上。大臣噶爾率眾行畢一應大禮，向皇上敬獻了一百金幣贄見禮，並將上上等金袍和吠琉璃寶盔獻上之後，經譯師啟奏皇上道：「皇上陛下，我邊鄙吐蕃贊普松贊干布託獻的這頂吠琉璃寶盔，出征疆場時，戴上它就能所向無敵，戰無不勝；瘟疫流行時，戴上它繞城郭行走一圈，瘟疫便會自然消除；若遇霜雹災害，戴上它沿阡陌而行，即可化災荒為豐收。茲將這一南贍部洲無與倫比的寶物獻上，啟請陛下恩准把文成公主嫁給我邊鄙吐蕃贊普松贊干布。」

大臣噶爾奏畢，皇上及其臣僚譁然大笑。皇上說：「邊鄙吐蕃之君所見差矣，他怎能與我等量齊觀呢？我自飲光佛至今王統長盛不衰，你吐蕃贊普豈堪與我攀親！夫君王者，須具備佛法與人法。應棄十惡之不善，立十善之法如金軛，守佛法教規似綾結。然而你們的君主卻沒有這

一切。請問你們的贊普閣下，他能在吐蕃之地摒棄十惡孽障，頒行十善之法，奉行佛法與人法嗎？若能則予公主，否則休想。雖說你們遠道而來，不過還得請你們回稟贊普後再來答覆我。」

大臣噶爾揖禮奏道：「皇上陛下，若要臣下為這一問一答而千里迢迢往返奔走於唐蕃兩地之間，迎請公主的大事還有望辦成嗎？我們的贊普有捎給陛下的信函在此，呈請陛下過目。」噶爾說著將一金函匣奉上。皇上打開函匣一看，一封用東國②漢文書寫的金字藍紙信函上寫道：

> 邊鄙吐蕃贊普松贊干布致漢唐東君皇帝：
>
> 　　陛下言稱不足與我結百年之好，殊不知我乃出身光音天神之子具力和力友、眾敬王、釋迦王族、吐蕃先王轟赤贊布、拉妥妥日年謝、南日松贊代代相傳之王族。陛下苛責我吐蕃無王法，你若如此看重法度，並以此作為許配公主的條件，我松贊干布隨時可變幻出化身五千，一日之內即可頒行王法、昌興佛法於吐蕃域內，陛下以為如何？你若是執意不肯嫁予我公主，我的化身大軍將踏平你的國土。

皇上看罷信後，心想這邊鄙吐蕃贊普竟然用他捎來信

函，答覆了我對其使臣的發問。看來這位化身之君還真有點不好對付。

不過皇上畢竟氣度非凡，他又鎮定自若地對吐蕃使臣說：「你們的贊普不應對朕出言不遜。要知道君臨天下，僅有法度尚不足為道，當依妙善正法之道，使自他一切眾生無一而餘盡皆成佛。為此須造立身之所依佛像，語之所依——佛經和意之所依——佛塔，供養佛、上師和善知識，宣說、聽聞、禪修奧妙正法，正確解讀佛經。還要廣遍賑濟貧民，祈福禳災，救死扶傷，息事寧人，除暴安良。若沒有如此善根利樂事業，芸芸眾生只有輪迴於地獄，掙扎在無邊無際的苦海之中而永無出頭之日。我自飲光佛時起就有了奧妙精深之佛法，而你們至今還沒有。若吐蕃也能開崇佛之舉，我便俞允賜予公主，否則休想。還是請你們先回去回稟贊普後再來答覆我吧！」

「皇上陛下，若是僅為這一問一答，就讓我們長途跋涉於唐蕃之間，豈不就耽誤了迎娶公主的大事！」噶爾說著又將一銀函匣遞上，呈請皇上過目。

皇上從這只銀函匣中取出一封藍紙金粉書寫的漢文信函，信上寫道：

吐蕃贊普松贊干布致漢唐皇帝陛下：

　　我松贊干布正是西方極樂世界無量光佛，又稱
阿彌陀佛或稱怙主無量壽佛的弟子大悲觀世音菩
薩。我在無數劫的往昔宿世，從地獄的苦難中救渡
出無以數計的眾生，並將彼等送達一去永不復返的
佛國樂土和菩薩十地，使之從輪迴的無邊苦海中獲
得拯救解脫。陛下的所見所聞，豈堪與我的所作所
為相比。

　　我曾以大悲觀世音菩薩之身駐錫於聖地普陀山
時，觀見生息繁衍在雪域吐蕃的諸有情，在六道輪
迴中不是變旁生獼猴、岩羅刹女，就是變飛禽走
獸、鬼眾八部之類，盡皆紛紛墮入三惡趣，備受輪
迴之苦，就像水往低處流，永遠不能再回頭。見此
情狀，我心生悲憫，禁不住兩眼潸然淚下，從右眼
滴落的淚珠化為白度母，從左眼湧出的淚珠化作綠
度母。那白度母投胎化身為尼泊爾迪巴帕拉王的公
主尼妃赤尊。尼王不但把赤尊公主嫁給了我，還陪
嫁了豐厚的嫁奩。如今，我正在與尼妃赤尊共舉益
利吐蕃眾生之大業，而綠度母的化身正是令嬡文成
公主。這兩位公主與我有夫妻姻緣，而與其他君王
概無緣分，故理應嫁之於我。

　　陛下藉故我吐蕃佛法未興而不予公主，若陛下

果真以此為由，我可即刻幻化出十萬身之化身，百
萬語之化身，千萬意之化身，立時造立無數佛像、
佛經和佛塔，並為你也建造一百零八座寺廟，且座
座寺廟的山門都朝你東方漢唐而開。你要知道我的
身形變幻，一可化眾，眾可歸一，時而隻身獨面，
時而千手千眼乃至變化無窮。我可在吐蕃域內一日
之間昌興佛法，這難道還不足為奇嗎？陛下要是仍
藉故不予我公主，我的神變化身大軍將揮師進兵漢
土！

　　閱畢信函，皇上仍不以為然，否則自己豈不低人一籌
嗎！但轉而又想，我問及吐蕃使臣的話，吐蕃贊普竟能在
他捎來的信函中一一作覆，心下不免有些惶惶然。這時，
皇上雖已有意與松贊干布聯姻，但口頭上仍未答應。

　　皇上畢竟度量非凡，他又對吐蕃使臣說：「你們的贊
普口氣真不小，但這無濟於事。身為一國之君者，須擁有
取之不盡、用之不竭的財富。朕自仡栗枳王迄今，炊煙不
斷，衣食豐足，國泰民安，富埒多聞天王。而你們吐蕃餓
鬼城之王卻一無所有。要是你們的贊普也能像我一樣富
有，我就嫁給他公主，否則休得妄想。還是請你們先回去
問好了回頭再說吧！」

170

　　大臣噶爾又奏道：「吉吉，皇上陛下，唐蕃兩地相距遙遠，往返一趟就得十三、四個月，若是僅為這一問一答而奔走其間，哪裡還有迎娶公主的時間？恭請陛下一閱我們贊普捎來的這封信函。」

　　皇上接過噶爾遞上的銅函匣打開一看，一封藍色的信箋上用金、銀、銅粉書寫的漢文信函上寫道：

　　吐蕃贊普松贊干布致漢唐皇帝陛下：

　　　　陛下與尼泊爾國王異口同聲都自稱與訖栗枳王（譯注：迦葉佛之父，又稱飲光佛）一脈相承，並沿襲繼承了其教派、法度及財富。雖說爾等都是訖栗枳王的宗嗣，可訖栗枳王那時的法度、財富以及飲光佛所開創的教派早已不復存在，更何況那時人壽能享兩萬年。時光已去如此久遠，足見二位言之謬矣。

　　　　及至人壽百年之際，方有淨飯王、勝光王、影勝王等所立王法，其後始有釋教問世。時至今日，勝光王、影勝王、世尊釋迦牟尼等已去世兩千多年了，況且彼等的財富、受用皆來自其各自所積之福德，故劫初先王的王法、教法及財富，怎麼可能給二位君王遺留至今呢？

171

　　至於陛下說我既無王法，又無信仰，更無財富，殊不知我所信奉的正是世尊釋迦牟尼所開創的教法。世尊乃千佛之最，三十五佛之首，七佛③之冠，藥師八佛④、谷如八號⑤、五部六佛⑥、三世諸佛⑦中唯他至尊。正因為世尊釋迦牟尼至高無上，我才信奉他所創立的善法。

　　我父王南日松贊開採金、銀、銅、鐵於才邦、拉堆、昌布和惹嘎山，從北方拉措湖發現了鹽。他那時馴野驢為騾馬，馴野牛為犛牛，馴鹿為黃牛，馴野羊為綿羊，馴麝獐為山羊。耕作稼穡，種植五穀，財寶充盈，衣食豐足。陛下自以為富埒天神，卻說我一無所有。既然你嫌貧愛富，並以富有作為許嫁公主的條件，那麼，我可隨時變化出千百萬個化身，再變化出色、聲、香、味、觸等五花八門、無以數計的財富來受用；我可讓五穀雲雨鋪天蓋地，讓如意奶牛滿山遍野；我可打開山山嶺嶺的寶藏，讓你大唐的金銀財寶之需也有賴於我雪域吐蕃。難道這還不足為奇嗎？要是陛下仍執意不肯嫁給我公主，我將率神奇而不可思議的化身大軍征服你漢唐天下！

　　閱畢信函，皇上暗自忖度，我問吐蕃使臣什麼，吐蕃贊普就在他捎來的函匣中答覆什麼。他未曾到過我大唐之地，卻通曉漢文漢語，莫非他果真有幻化神通！看來吐蕃贊普言必信，行必果。要是果真如此，我與他相比豈不小巫見大巫了嗎？皇上愈想愈發惶遽不安，竟突然昏倒在寶座上。左右侍臣見狀，急忙用檀香淨水灑面，前呼後擁著扶駕回了寢宮。

　　皇上次日甦醒後心想，看來文成公主非得嫁到吐蕃去不可了，但不妨再商量商量。於是他召集皇后、太子和公主，一起商量公主究竟嫁給哪位君王為好。皇上以為大唐佛法來自天竺，而佛法能使眾生二障清靜，二智圓滿，所以公主應嫁給大恩大德的天竺佛法之王。皇后的意見是要把公主嫁給大食財寶之王，她說如果君主沒有財寶，那他與乞丐有什麼兩樣？大食國不僅有多聞天王的珍寶山，還有一處方圓七天路程之大，遍地都是奇珍異寶的地方。大食財寶之王最富有，公主理應嫁給他。皇太子忿然道：吐蕃強寇敗我軍旅，戮我將士，掠我河山，我與吐蕃勢不兩立，斷然不可與之聯姻！常言道：「水來土掩，兵來將擋」，要想強兵盛國，公主就應嫁給格薩爾軍旅之王。而公主自己則說，人生一世，終身伴侶為要。沖木格薩爾王威武英俊，和藹可親，剛柔相濟，文武兼備，小女願與他

締結良緣。沖木格薩爾王儀表非凡，備受公主傾慕，他本人應公主之邀，此番親自前來求婚。

當時各路請婚使臣紛紛揚言，要是不把公主嫁給他們的君王就將如何如何：霍爾說要兵刃相見，大食說要火燒京都，天竺說要放咒降災，沖木說要引水淹城云云。一時間，五百使臣大鬧京城。也有人說，各路人馬足有上千之眾。

皇上、皇后、太子和公主經再三商議，還是莫衷一是。不過議來議去，竟無一人樂意把公主嫁給吐蕃贊普。皇上見定奪不下，只好降旨道：「夫君王之道，不得有親疏遠近之分，還是請各路使臣一比智慧高下，誰能獲勝，就把公主嫁給他們的君王！」於是就讓各路請婚使臣開始比試智慧。

皇上先是拿出一顆拳頭大小的璁玉。這顆寶玉兩側開孔，中間有一條盤繞彎曲的蛇形孔道。皇上說，誰要是能把絲帶繫在璁玉上，就把公主嫁給他的君王。

大臣噶爾當即表示，既然爾等四路使臣妄自尊大，且倍受皇上青睞，就先看看你們的本事吧！天竺、大食、霍爾、沖木等國的四百使臣，不分晝夜地用錐、針、籤、繩、鬃、線來穿絲帶。他們人人都過了幾遍手，足足花費了好多時日，直到把這顆璁玉磨得像口中含過的冰塊似

的，仍沒能把絲帶穿過去。無可奈何之下，只好把它交到
吐蕃大臣噶爾的手中。

其實，大臣噶爾早有所料，他事先捉了隻螞蟻，把牠
放在盒子裡精心餵養。這時他用一根細細的絲線，一頭繫
在螞蟻的腰上，另一頭拴在絲帶上，並在璁玉另一側的小
孔旁放了一小碗羊奶。噶爾小心翼翼地將這隻螞蟻放入璁
玉一側的小孔，然後徐徐吹氣，螞蟻被氣流吹著一個勁地
沿著璁玉的蛇形孔道往前爬，不一會兒，就從小孔的另一
側爬了出來。噶爾解開螞蟻身上的絲線將牠放生，爾後用
穿過來的絲線輕輕牽拉絲帶，絲帶就這樣很快穿在了這顆
蛇形孔道的璁玉上。

這次比賽，其他各國使臣誰都沒有比過吐蕃使臣。大
臣噶爾隨即請求皇上許嫁公
主，皇上藉故推辭說：「僅
此不可，還得比試。」

一天傍晚，忽然陣陣鼓
聲傳來，禮賓侍女告訴各路
使臣說，這是皇上傳召各路
請婚使臣進宮，請速速前
往。其他四國使臣聞風而
動，急忙趕往皇宮。唯獨吐

足智多謀的大臣噶爾東贊

蕃大臣噶爾感到此事有些蹊蹺，心想其中必有文章。他率
眾動身時，在住所官邸的門楣上用硃砂畫了一柄金剛杵，
又在門前畫了一個「卐」形標記，還在所路過的門戶上一
一做了記號。大臣噶爾趕到皇宮時，其他四國使臣已得意
洋洋地就座上席，姍姍來遲的吐蕃使臣只好委身下席了。

　　原來這是皇上有意安排的一場酒宴。酒宴臨結束時，
皇上宣布道：「請各國使臣回官邸歇息，誰要是不迷路，
能找到自己的住所，就把公主嫁給他們的君主。」

　　其他各國使臣醉醺醺地一離開皇宮就迷了路，他們四
處跌跌撞撞，怎麼也找不到自己下榻的官邸。吐蕃大臣噶
爾則手提燈籠，讓弟兄們手拉手緊隨其後，一路沿著標下
的記號順利地回到了住所。

　　次日凌晨，皇上派人四處察看，結果除了吐蕃使臣回
到了自己的官邸之外，其他四國的使臣全都迷失在街頭巷
尾。隨後吐蕃使臣請求皇上兌現承諾，但未獲准。

　　皇上又降旨道：「我給你們各國使臣找了一個有酒有
肉、能大吃大喝的差事，誰要是能按照我的要求按時幹完
這差事，就把公主嫁給誰的君主。」皇上接著又吩咐道：
「在各國使臣下榻的官邸，給每位使臣分一罈酒、一百隻
羊，再派一名監督官。要他們一天之內把肉吃完，把酒喝
光，把羊皮揉好，還要保持住所清潔，不得隨地嘔吐便

溺。」

時辰到了後，經監督官視察，結果天竺、大食、霍爾、沖木等四國使臣，儘管人人都使盡了渾身解數，還是肉沒吃完，酒沒喝光，皮子也沒揉好，反倒一個個上吐下瀉，弄得滿院污穢不堪。

吐蕃大臣噶爾則讓大家圍坐成一圈，把每隻羊宰了後煮熟分割成一百小塊，然後傳遞下去，一隻羊每人一次只能吃到一小塊肉。就這樣一百隻羊每人沒吃多少就被吃光了，剩下的只是羊下水。與此同時，他們接盞傳盅，一罈子酒每人一次只能喝上一口，酒喝光了尚不饜足。羊皮也是傳著揉，一張羊皮一人搓、拉、揉、扯幾下，從頭到尾傳一圈就揉好了。就這樣大家既沒有醉酒嘔吐，也無人吃撐了起廁，住所自然清潔如初。這時噶爾又提請皇上兌現承諾，但仍未獲准。

接著皇上又下令趕來一百頭騍馬和一百頭馬駒，說誰要是能辨別出其母子關係，就把公主嫁給誰的君王。

各國使臣一轟而上，他們跑前跑後吆喝了好一陣子，也未能辨別清楚。

大臣噶爾則讓隨從一人抓住一頭騍馬，先將騍馬和馬駒區分開來，然後再給騍馬餵草料。這樣一來，騍馬銜著草料去餵各自的馬駒，其母子關係便一目了然。這時噶爾

又啟奏皇上道：「這下該賜予我公主了吧！」可皇上還是沒答應。

接下來皇上又說，雞圈裡有母雞、雛雞各一百隻，誰能辨別出其母子關係就將公主嫁給誰的君王。

各國使臣爭先恐後直奔雞圈，他們前撲後逮，直攪得雞飛蛋打、塵飛土揚也沒搞清一隻雞的母子關係。

大臣噶爾則趁混亂之機，從公主侍女的庫房裡偷了一籃子飼料，拿來撒在雞架旁邊。這時母雞、小雞都從架上撲騰下來，母雞紛紛把食啄到喙邊，咕咕咕地叫自己的雞仔來吃。噶爾就這樣輕而易舉地將這群雞的母子關係分得明明白白，但結果皇上還是不答應。

隨後，皇上又出了一道難題：他命將一根兩頭刨得一樣粗細的木頭放在各路使臣們的面前，說誰要是能辨認出這根木頭的根梢，就將公主許配給誰的君王。

起先還是由其他四國使臣辨認。他們顛過來倒過去，直到把這根木頭摸得滑不溜溜，也沒能辨別出個根梢來，反倒愈弄愈糊塗，只好把它交給吐蕃使臣來辨認。

大臣噶爾讓隨從把這根木頭抬到水渠中，然後從兩端向下摁了幾下，這根木頭的根部稍許沉下，梢端略微浮上，根梢之分便一清二楚。噶爾再次請求皇上兌現承諾，仍未得到應允。

　　皇上又降旨道：「朕對爾等各路請婚使臣不能再有偏心了，故決定明日在皇宮大殿前，集中四百名長相與公主相像的妙齡女子，誰要是能在其中辨認出公主，就把公主嫁給誰的君主。」

　　大臣噶爾唯恐認不出公主，所以早就有所準備。噶爾初來京都時，有意結識了一位文成公主的貼身禮賓侍女。他平素對這女子施以衣食飲用等小恩小惠，彼此混得挺熟。後來又賄賂給她一藏升沙金，並好言懇求道：「我要你把公主的裝束打扮和相貌儀態如實說來。事成之後，公主嫁往吐蕃，我則留下來與你成親好好過日子。」侍女說：「我們這兒有極善五行算者，而且十分靈驗，要是被他占卜出來就有殺身之禍。」噶爾安慰道：「我自有妙法，可令其失算！」侍女說：「那就有請殿下先施法術，然後我再告訴你。」

　　大臣噶爾在一間屋子裡用三塊灶石支起一口大銅鍋，鍋裡倒滿了水並擱上紅柳籠屜，又在籠屜上立了一口水缸，缸上罩了一個籐筐，在籐筐四周撒了些黑白雜花的雞毛，然後讓那侍女鑽進缸裡，用銅喇叭對著灶石說話。

　　侍女這才開口說道：「殿下走到那四百少女面前，先從前三排數過三百，再從最後一排數，數到第四十九和五十一之間的那位女子便是文成公主。公主她霓裳合體，身

材勻稱，膚色嬌嫩，皓齒齊整，左頰掩蓮影，右頰映月輪，具足智慧度母的一切相好。她芳體飄香，總有一隻蜜蜂在身旁飛繞。此外，奴婢給公主梳洗打扮時，用黃丹粉在她眉間點了一個芥子般大小的圓點。殿下若按我說的去找，準能一下子就認出公主來。你事先還得準備好兩支繫著彩帶的彩箭，當你認準公主後，就用彩箭的箭筈搭住她的衣領，然後一邊領著她走，一邊口誦度母名號，公主便會隨你而來。」

一切準備就緒後，大臣噶爾召集隨從訓示道：「我們雖屢次與其他各國使臣比試都取勝贏得了公主，但屢屢未獲皇上恩准。今皇上陛下降旨，說他身為崇佛尊法之國君，理應對各國請婚使臣一視同仁，故決定明日在皇宮大殿前，列相貌相似的美女四百，誰要是能從其中辨認出公主來，就把公主許配給他們的君王。若此話當真，我已心中有數，不過還得慎之又慎，以確保萬無一失。我等要在因中暑而喪命之前，做好歸返故土的準備。」

翌日清晨，大臣噶爾手持兩支彩箭，攜帶一藏升青稞，與隨行一起按時前往皇宮。屆時，衣著相貌與公主十分相似的四百名美貌女子翩翩而至，列隊於皇宮南殿前。當開始辨認挑選時，天竺、大食、霍爾、沖木等四國的使臣蜂擁而上，有的挑衣飾華美的，有的選姿色嫵媚的，有

的找眉飛色舞的，有的
覓氣質高貴的，他們各
自都挑選了一位自以為
稱心如意的「文成公
主」。

　　當輪到大臣噶爾挑
選時，他在數百名婀娜
多姿的美貌女子中，一
眼就認出了文成公主。
他悠然自得地走到公主

綠度母

身後，用花翎彩箭的箭筈緊緊勾住她的披風領口，公主回
眸一笑，那紅唇皓齒間飄散出白栴檀沁人心脾的馨香。

　　此時此刻，京都看熱鬧的臣民們見此情景，一個個捶
胸頓足地驚呼道：「賢淑聰慧的公主被吐蕃人領走了！」

　　這時，皇上無可奈何地對文成公主說：「孩兒啊，看
來你是非得遠嫁吐蕃去不可了！」

　　公主啟稟父皇道：「要讓孩兒上不見父母兄長，下不
見親朋好友，非去那既無佛法，又無王法，更無受用的邊
鄙之地，恕難從命。」

　　父皇連忙勸說道：「既然事已至此，孩兒如此何益？
那吐蕃贊普神通廣大，無所不知，無所不曉，無所不能

181

也。若招致他神變大軍來犯，我大唐江山必將毀於一旦。到那時把你賣給人家也賣不上好價錢，就是拱手相送也不落人情，不但父皇母后要人頭落地，孩兒也終將身不由己。你看看那吐蕃使臣的所作所為，便可知其君主的神通廣大。你還是及早赴婚方為上上之策啊！」

第二天一大早，文成公主親自帶領四名貼身侍女前去拜會吐蕃使臣。禮畢，公主問大臣噶爾道：「雪域吐蕃之地，可有褐色之土（譯注：指肥田沃土）？可有灌木之林（指森林樹木）？可有馬蘭之草（指豐美水草）？可有豆粒之石（指沙金和珠寶）？」

噶爾回答說：「應有盡有。」

公主又問：「那麼吐蕃可有『小可變大，少可變多』的東西？」（譯注：指元根或蔓菁、芥子等農作物）。

「這樣的東西可沒有。」噶爾回答說。

文成公主在她準備啟程遠嫁吐蕃之際，告白父皇道：

> 父皇要我嫁吐蕃，
>
> 母后隨聲來附和，
>
> 兄長言亦不由衷，
>
> 究竟這是為什麼？
>
> 雪域吐蕃鬼地方，
>
> 神龍鬼魅之方域，

冰天雪地寒風襲，

冰峰猶如獠牙齜，

雪嶺彷彿呲角牴，

荒山野嶺無生機，

滿目淒涼令人慄。

吐蕃之人旃陀羅，

生性蠻野未開化，

邊鄙蒙昧之雪域，

不見菩薩的足跡，

不聞四眾⑧有蹤影，

既無供奉之所依，

亦無積福之田地。

若要孩兒去吐蕃，

祈求父皇賜予我，

本尊釋迦牟尼佛；

吐蕃好比餓鬼城，

我要財寶享天年；

吐蕃勝似廣寒宮，

我要穿戴夠一生；

吐蕃之人太任性，

好事生非不聽用，

> 我要親信五百名；
>
> 吐蕃傭人不潔淨，
>
> 我要自己帶僕從。
>
> 父皇要是不恩准，
>
> 請恕孩兒不從命。
>
> 若是非要孩兒我，
>
> 遠嫁邊鄙之吐蕃，
>
> 為了教化之大業，
>
> 為人處世應如何，
>
> 啟請父皇賜教我。

皇上對文成公主說道：

> 孩兒且聽我說：
>
> 人說雪域吐蕃，
>
> 冰峰綿延千里，
>
> 就像寶塔林立；
>
> 四大高山湖泊，
>
> 宛如碧玉壇城⑨；
>
> 四大高原江河，
>
> 流經衛藏四如；
>
> 四大高原草地，
>
> 彷彿供品布陳；

山高水清地靈，

景色壯麗雄渾，

風光呈祥如意，

實乃殊勝之境。

王者盡皆凡人，

唯獨贊普乃神，

法王松贊干布，

觀音菩薩化身，

功德無與倫比，

屬民無不恭順。

孩兒欲請釋迦佛，

還要僧尼去吐蕃，

且聽父王具細說：

我的供奉釋迦佛，

雖是佛陀替身像，

但與世尊無差別。

佛乃垂憫諸有情，

但凡尋求解脫者，

欲證無上菩提果，

只要虔心供奉它，

無上菩提可速得；

但凡厭離輪迴者，
只要虔心供奉它，
便可超脫生死界，
遠離輪迴之煩惱，
證得獨覺羅漢果；
但凡厭離惡趣者，
只要虔心供奉它，
便可斷除惡趣苦，
永世輪轉善趣道；
只要虔心供奉它，
定會有求必有應，
人間善樂皆可得，
心中悲苦盡可卻，
人人盡皆可成佛。
如此殊勝之佛像，
父皇奉之如命根，
為了愛女積福德，
只好讓你請了去；
福田僧寶比丘尼，
亦可供你積功德；
父皇珍寶堆滿倉，

任你挑選作嫁妝；
神魔寶鑑日月鏡，
賜予愛女作嫁妝；
金玉書卷三百六，
御膳食譜三百六，
神飲配方三百六，
賜予愛女作嫁妝；
鎧甲披掛三百六，
刀槍劍戟三百六，
贈予贊普把身防；
龍袍鳳披三百六，
金鞍玉轡三百六，
贈予贊普壯神威；
百鳥朝鳳雄獅吼，
日月爭輝彩虹舞，
松柏常青百獸走，
綾羅綢緞織錦繡，
贈予贊普當稀有；
大唐一十四法典，
詩文曲賦及注疏，
大唐法規和律令，

賜予愛女作嫁妝；

農耕畜牧與曆算，

良方妙法之書卷，

賜予愛女作嫁妝；

漢唐占卜三百部，

風水吉凶妙算書，

賜予愛女作嫁妝；

樓堂房屋善構書，

各種工巧六百部，

賜予愛女作嫁妝；

疾病診斷四百四，

內診百法外治五，

藥劑配方醫方明，

賜予愛女作嫁妝；

顯乘密宗經律論，

能斷煩惱八萬四，

能積無量功德海，

取捨十善十不善，

成就六度⑩四攝事⑪，

賜予愛女作嫁妝；

綾羅綢緞三百四，

穿戴夠你享終生，

賜予愛女作嫁妝。

若要臣民擁戴你，

父皇囑託請切記：

目光遠大謹慎從事，

胸懷坦蕩寬宏大量，

早起晚睡潔身守操，

善解人意從諫如流，

手足勤快姿容端麗，

精於理財勤於持家，

氣度高雅笑顏常開，

寬以待人體諒僕從，

少發脾氣言語溫順，

忠貞不渝從一而終，

尊重夫君疼愛子女，

不嗜飲酒不串門戶，

對上恭敬對下悲憫，

養老送終切莫怠慢，

尊老愛幼以禮待人，

樂善好施與人為善，

手不釋卷教子有方，

虔心崇佛禮讚三寶，

修建廟宇鎮妖伏魔，

造立佛像廣建僧團，

聞思修習著書立說，

供養僧眾守持律儀，

宣說善法誨人不倦，

海枯石爛信仰不變，

依怙世尊奉若神明，

為求正果棄惡揚善，

出離惡趣斷除煩惱，

發菩提心入菩薩行，

慈悲為懷趨大乘道，

父王所言言之由衷，

若能聽從萬事皆成！

皇上為即將遠嫁吐蕃的愛女置備了極為豐厚的嫁奩，並將那尊被漢人視為稀世之寶的唯一供奉之所依——釋迦牟尼十二歲等身金像也作為陪嫁送給了公主。為此，漢人們夢中出現不祥之兆，遂有人上奏道：「啟稟皇上、皇后、皇太子：我們既然已失去了賢慧的公主，為何還非要把如意之寶（世尊佛像）也拱手送給吐蕃人呢？看來其中必有洩密者搞鬼，祈請陛下命善五行算者占卜之，將那作

祟者捉拿出來予以嚴懲！」

　　皇上遂傳令請來一位神機妙算的卦師，命其用五行算占卜。這位卦師占卜之後吃驚地說：「奇哉怪哉，如此卦象，前所未見！」皇上問卦象究竟如何，卦師回稟道：「在三座黑山的環抱中有一血紅的湖泊，湖泊中有一片紅白雜花的大灘，灘上有一鐵母夜叉騰空跏趺而坐。她渾身都長滿了眼睛，頭上、身上落滿了各種各樣的鳥，還長著一張長長的銅嘴巴。此人便是洩密者。」

　　皇上聽罷卦師的這番話後大怒道：「豈有此理，五行算的卦象竟然如此荒唐！」遂下令將十部五行算曆統統付之一炬。文成公主將焚燒過的五行算曆殘卷收集在一起，說要用它來護佑自己。據說「嘎則」（心祕五行算曆）一名，緣公主將五行算曆殘卷貼胸而藏故名。公主曾說要拿它作護佑之用，故又名「嘎則尚哇」（心祕護佑五行算曆）。

　　綠度母的化身文成公主，為了益利雪域眾生，特意從母后的庫房裡拿了少許萊菔和蔓菁種子，並用紅綢布包起來藏於髮際。這就是文成公主詢問大臣噶爾的所謂「小可變大，少可變多」之所指。

　　文成公主啟程上路那天，車水馬龍，浩浩蕩蕩。一輛搭著白綾帳的車輦載著釋迦牟尼像，由大力士神樂和龍喜

引駕走在最前頭，隨後是兩匹銀白色的騾子拉的車輿，上
面坐著文成公主和四名貼身侍女，另有四名貼身侍女坐在
兩頭駱駝拉的車上，其後依次是四名大力士轎夫、請婚使
臣和為數眾多的馬夫。皇上擔心路遇不測，還特意選派了
二十出頭的五百名年輕武士和年方十六的五百名妙齡淑女
隨行護送。

　　依依惜別之際，文成公主勸母后留步並告辭道：

　　　　　女兒此行去吐蕃，

　　　　　遠離母后要久別。

　　　　　每逢每月初八日，

　　　　　您就說「今天初八了」，

　　　　　我也說「今天初八了」；

　　　　　每逢每月望月時，

　　　　　您就說「月兒又圓了」，

　　　　　我也說「月兒又圓了」；

　　　　　每逢每月新月時，

　　　　　您就說「新月升起了」，

　　　　　我也說「新月升起了」。

　　　　　山高路遠難相見，

　　　　　只好如此相憶念。

　　　　　每逢每月初八日，

每當月圓月缺時，

我都虔心上供奉，

感謝父母養育恩，

父母兄長的教誨，

我都銘記在心中。

母后祝福道：「願孩兒一路平安！」母女倆就此揮淚
而別。

隨後，父皇讚譽公主道：

淑女文成公主，

身材修短合度，

體態豐韻適中，

秀色傾國傾城。

舞樂無不精通，

談笑別有風韻，

遠離貪瞋痴等，

勤於利樂他人。

美貌令人銷魂，

心懷仁慈悲憫，

堪與法王般配，

巾幗莫屬她人。

精通醫道方明，

能治人畜百病，

金枝玉葉妙手，

可使枯木逢春。

麗容羞花閉月，

秀色落雁沉魚，

芳體飄散馨香，

馥郁蓋壓群芳。

民以食為天理，

少尊長乃常倫，

公主舉止言行，

皆合天理人倫。

淑女文成公主，

不以皇親為尊，

不以美貌媚人，

唯願利樂眾生，

堪與法王聯姻。

皇上讚畢，吐蕃使臣三呼「善哉」，並引吭高歌「召卡」一曲。隨後，吐蕃使臣迎請文成公主和釋迦牟尼佛像，浩浩蕩蕩啟程上了路。

次日清晨，文成公主一行趕了一段路後下帳野炊。文成公主在白綾帳中，將釋迦牟尼像安放在鋪著織錦墊的金

銀寶座上，並獻上一鉢神饌，隨後自己才用餐吃了一點米羹。這時一位侍女急於趕路，可落在後邊的人還不見人影，她手搭涼棚望了好一會兒，才看見他們緩緩趕來。

　　大家在一起歇息時，日種吐蕃使臣有的聊天，有的賽馬，有的射箭，有的舉石（重），有的賽跑，有的角力，有的玩牌，有的下棋，有的唱歌，有的跳舞，娛樂戲耍，各隨其好。文成公主則獨自在釋迦牟尼像前，陳設五種供品，彈起三弦銀琵琶，吟唱讚歌道：

> 往昔人主初降生，
>
> 投足七步撼乾坤，
>
> 預言世間我至尊，
>
> 聖賢無不稱頌您。
>
> 彼時南方瞻部洲，
>
> 污濁不堪陰霾濃，
>
> 能仁超凡寄靜林，
>
> 六面童子禮讚您。
>
> 高堂寄予兒厚望，
>
> 喚您「頓智」傳美名，
>
> 我亦今生與來世，
>
> 虔誠信仰供奉您。
>
> 您心地純潔，儀表偉岸，

　　智深似海，慧比須彌，

　　威鎮三界，聞名遐邇。

　　您大智無量，大勇能仁，

　　超脫悲苦，離諸煩惱。

　　您三十二相，福德昭彰，

　　少分妙相，蓋世無雙。

　　您證得全覺，昭示真諦，

　　至尊怙主，我願皈依。

……

　　公主自上路以來，每日清晨都要如此供奉世尊金像一番。一路上山重水復，公主常常不得不棄駕徒步行走。

　　有些六根不淨之徒誣陷說，後世吐蕃之地婦道日漸衰微，其端倪始於文成公主。說文成公主曾與大臣噶爾私通，她在入蕃途中身懷六甲，自知沒臉儘早去見贊普，故在胎兒足月降生之前，只好在途中耽延時日。然而，在諸佛與眾菩薩的眼中呈現出的則是世尊親臨雪域吐蕃的吉祥景象。

　　文成公主途中在康區丹瑪地方的一處青石岩壁上，勒石刻寫了《廣論首卷》和《普賢行願》等經文，在夏德朗納造立了一尊八十肘高的釋迦牟尼佛像。她在途中馴鹿墾田，在朗珠迪灘營造水磨，有時也迷路徘徊在深山峽谷之

中。

再說大臣噶爾，皇上唯獨將他留下扣作人質，並許配給他一位花容月貌、出身名門的妙齡女子作夫人，想讓智慧超群的吐蕃大臣，在漢地留下秉賦非凡的子孫後代。皇上雖然用心良苦，但大臣噶爾生怕留下後代，斷然不肯與那美貌女子同眠共枕。

大臣噶爾處心積慮地設法返回故里。起先，那漢唐夫人無論為他做什麼珍饈美羹，他都不吃不喝，身體日漸消瘦。他天天臥床不起，形容十分憔悴。他還故意在兩頰抹了些靛藍和硃砂，成天乾咳不止，痰中膿血可見。後來，他又偷偷在鋪底下鋪了一張腐爛的牛皮，成天昏睡不起，渾身滿是惡臭。

那漢唐夫人實在感到穢氣難聞，忍不住問噶爾道：「大臣殿下，你身上的這怪味到底是怎麼回事？」

噶爾說：「難道你沒覺察到我患熱病多日了嗎？」

那女子這才急忙去稟報皇上，說吐蕃大臣得了熱病。皇上急忙前來探望並安慰噶爾道：「閣下貴體欠安，實乃不幸，朕自有令你康復的辦法。」

大臣噶爾佯裝坐不起來的樣子，他微欠上身，雙手合十道：「皇上陛下，卑臣怕是得了肺癆病。」

皇上見噶爾形容憔悴，咳喘吁吁，痰中帶血，連虎口

上也滿是抹了嘴的血痰斑跡。他生怕吐蕃大臣一命嗚呼
了，忙令御醫來給噶爾治病。

當天夜裡，大臣噶爾對那漢唐夫人說：「今晚你到外
屋去歇息，要是咱倆睡在一間屋子裡，我怕你晦氣太重，
明天御醫來了就把不準脈。若脈象不察，我就會因誤診而
性命難保，我一旦嗚呼了，你就要受一輩子的守寡之苦。
我要是死在哪裡，哪裡就會有十八凶兆出現，還會有十九
大難臨頭！」

噶爾把夫人哄出去後，他在臥室內用土坯壘了一個磨
盤似的土炕，上面鋪了些絲、棉之類的東西，然後用馬尾
將自己的手腕緊緊紮住，把腳墊得高高地睡在炕上。這樣
一來，他的脈象全亂了。

第二天一大早，御醫把過脈後稟告皇上道：「啟稟皇
上陛下，這位吐蕃大臣所患之病，察其脈象，非風病之百
病之一，非膽熱之百病之一，非涎分之百病之一，非合病
之百病之一，非四大紊亂所致之病，非著魔一千零八所致
之病，非中邪十八所致之病，亦非瘟神疫鬼所降之病。他
血液倒流，平脈與壽脈皆切之不出，此乃前所未見之痼疾
也。恕卑職無法醫治，還是問問他自己看如何是好吧！」

皇上心想吐蕃大臣智慧過人，或許他自己知道怎麼治
療自己的病。於是便問噶爾道：「大臣閣下，你一向自作

聰明，那麼此番你得了什麼病，自己不會不清楚吧？」

噶爾回答說：「微臣被陛下囚禁，冒犯了吐蕃神靈，故得此無名之病。」

皇上又問：「那麼如何是好呢？」

噶爾說：「只有祭天才有望治好我的病。」

皇上問：「何以祭天？」

噶爾說：「須備棗紅駿馬一匹，綾羅之灰一皮袋，羊脾之血一胃囊，三膀長的無縫木炭矛杆一根。」

皇上遂命擊鼓傳令，召集臣僚詔曰：「朕之吐蕃愛卿病危，御醫治不了他的病，我問他本人如何是好，他說需要如此這般的祭品，爾等務必儘快籌辦齊備！」

眾大臣又命百姓依照皇上的旨意去籌辦。結果燒光了山林樹木，別說三膀長的無縫木炭矛杆一根，就連半肘長的一截也沒得到；宰殺了無數隻羊，別說一胃囊羊脾血，就連半捧也沒得到；焚燒了所有的綾羅綢緞，別說一口袋綾羅灰，就連一把也沒得到。

皇上無奈，只好對噶爾說：「除了這匹棗紅駿馬之外，其餘一無所獲。」

大臣噶爾暗自竊喜，心想這匹駿馬倒是可以派上用場，便留了下來。接著他對皇上嘆息道：「看來我是沒救了。一旦我死在這裡，將會對漢地的百姓極為不利，對陛

下尤為有害！」

皇上生怕吐蕃大臣有個三長兩短，便問噶爾道：「大臣閣下聰明過人，想必還有別的什麼妙方吧？」

噶爾說：「那就只有送我到能望見雪域神山的地方，去祭祀一下吐蕃的天神，方可保我一命。」

皇上問他還需要些什麼祭祀供品，噶爾說要兩皮囊上等好酒，兩皮袋炒米飯團，兩盆子鹹乾肉。皇上趕緊備好了這些東西讓他去祭天，又擔心他藉此機會逃之夭夭，又特地委派了四名大力護衛隨行護送。

噶爾臨行之際，皇上請教他道：「時下農耕時節已到，閣下足智多謀，請問如何耕作是好？」

噶爾說：「要是把種子焙炒過後再播種，定會禾苗茁壯，穗大粒飽，可望大獲豐收！」

皇上遂詔命天下：「今年農耕，種子要焙炒過後方可播種，違者治罪。」百姓不敢抗旨，舉國焙種播種。

大臣噶爾出行時由四名大力護衛用擔架抬著，另有四人牽著棗紅馬，馱著祭品隨行護送。一路上每逢歇腳時，噶爾都要祭祀一番，並供奉一點酒肉、炒米等供品。每次他都藉故只給隨從八人少許一點兒「供品」吃，並不時地催著趕路，說怕路遇歹徒。而他自己卻在衣袖中藏了些吃喝，悄悄躲在披風下暗自受用，好讓元氣恢復。

　　到了嘉茂察瓦絨⑫後，噶爾讓隨行買了許多酒肉食物，然後登上一座能遠遠望見吐蕃山巒的高山。這時大臣噶爾說：「此山名曰『絳妥神山』，這兒就是我要行大祭的地方。」隨即命卸下馱子和行囊，開始祭祀神靈。

　　祭祀完畢之後，噶爾將酥油拌炒米和鹹乾肉、酒囊堆放在隨行八人的面前說：「爾等已是『狼牙空肚子』，現在可以讓你們吃個飯飽酒足了。」早已飢餓難忍的這幾個彪形大漢一陣狼吞虎嚥，不一會兒便一個個醉臥山崗了。這時噶爾趁機毀掉了他們的刀矛弓箭，打折了他們的坐騎腿子。噶爾自恃有棗騮追風馬，便叫醒了四位侍從，又用涼水潑醒了那四名大力護衛，並戲言吼道「強盜來了！」當他們睜開醉眼時，兵刃坐騎已全被廢了。

　　噶爾翻身上馬，大喊一聲「我回吐蕃去了！」便帶著四名侍從揚鞭縱馬而去。四位大力護衛嘆息道：「早就擔心噶爾會如此，今天果然讓他得逞了！我等要是就這樣回去，皇上肯定會降罪下來，還不如跟隨他去的好。」於是便緊隨其後追趕而去。

　　據說吐蕃現在的某些姓氏便是由他們留傳下來的。其中四名侍從所傳姓氏為臧、王、司、喬；四名大力護衛所傳姓氏為姬、張、孟、杜（譯注：姓氏均為譯音）。

　　當大臣噶爾帶著他們輾轉多日來到康區下部時，漢地

正值麥子揚花灌漿時節，可麥穗全部穎空粒癟。舉國上下怨聲載道，都說這是黑心的吐蕃大臣造的孽！五穀收成無望不說，森林樹木燒成炭了，綾羅綢緞化成灰了，綿羊山羊宰殺光了，五行算曆一火燒了，文成公主被搶走了，釋迦佛像也拱手送給吐蕃人了，我大唐江山毀於狡詐的吐蕃大臣之手矣。

民間怨聲鼎沸，不久便傳到皇上耳中，皇上這才恍然大悟。他心想噶爾這該死的罪魁禍首，可能已在逃往吐蕃的途中，遂命大隊人馬「速速追捕噶爾歸案，不能生擒便就地格殺勿論！」

大臣噶爾估計追兵將至，又正好來到一個牧馬場，他便和隨從一起把馬場裡的馬糞背去倒進了加曲溝巴河中。追兵發現河裡有大量馬糞順流漂下，以為這是前來迎接噶爾的吐蕃大隊人馬，在渡口留下的馬糞被雨水沖入河中所致。因怕寡不敵眾，便勒馬回繮。追兵往回走了一天一夜後，途中有人說：「要是我們就這樣回去，肯定吃罪不起。倒不如殺他個回馬槍，即便抓不到蕃寇，追一程也就算一程吧。」於是又掉頭追來。

噶爾料定追兵還會追來，當途經一片灌木林時，他命四名大力護衛折來許多藤條做成馬鞭拋入河中。追兵發現河裡漂來好多藤鞭，只好望河興嘆道：「藤鞭如此之多，

可見接應的兵馬何其眾也。即便追上了，也無濟於事，弄不好反會被他們擒俘，還是善罷甘休為好。」

追兵班師回朝後，向皇上稟報了未能追捕到噶爾的經過。皇上不無感慨地說：「爾等所言當是。那吐蕃君臣二人，要是果真具有佛與菩薩不可思議之神通，即便追上了也拿他無可奈何。」

正當此時，漢唐之地災荒四起，民不聊生，皇上為此大傷腦筋。一日，他忽然想起吐蕃贊普松贊干布進獻的那頂神奇的伏琉璃頭盔聘禮，便命將此盔冠之於二十一面度母像並大事供奉，祈福禳災。結果在五峰山出現了取之不盡的糧倉，災荒這才得以賑濟平息。

傳說漢唐域內之所以災禍頻降，是漢唐臣民對吐蕃菩薩君臣詆毀、藐視所應得的報應。至於大臣噶爾在漢地焚帛宰牲、毀林殺生等恣尤之陰霾，隨後即被贊普松贊干布悲憫之萬丈光芒一掃而光。萬門皇宮上空，祥雲繚繞，彩虹飛貫，舉國上下，無不為之驚喜。漢唐萬民異口同聲道：「善哉，善哉！文成公主與吐蕃贊普乃前世有緣。釋迦牟尼佛像已圓滿畢竟了對漢唐眾生的益利，也該駕臨吐蕃利樂那裡的眾生去了。」從此以後，以皇帝為首的漢人對吐蕃贊普松贊干布無不心悅誠服。人們把皇帝陛下也奉為大悲觀世音菩薩的化身，漢唐天下因此而國泰民安。

　　再說大臣噶爾，他日夜兼程，終於在人跡罕至的雪尼布森林的溝壑中追上了文成公主一行。噶爾拜見公主道：「恕卑臣來遲矣！」隨後將其耽延滯後的原委向公主敘說了一番。

　　接著，噶爾打前站趕赴墨竹岡⑬。在此之前，請婚使臣聶吉南拉⑭已先行一步。他見到贊普後稟報說，大臣噶爾被漢唐皇帝作為文成公主的人質扣留了下來，是我迎請文成公主與釋迦牟尼佛像千里迢迢而來，祈請陛下舉行迎接慶典。贊普陛下心中有數，他反問聶吉南拉道：「卿可有漢唐皇帝的什麼信物為憑嗎？」既然沒有，贊普自然不會聽信其言。所謂「噶爾勞苦，聶吉功高」的民諺即由此而來。

　　沒過幾日，大臣噶爾騎著漢唐皇帝送給他的那匹備有絲繡蓮圖韉、檀香木馬鞍的金嚼玉彎棗騮馬，帶著隨行的四名侍從和四名大力護衛抵達拉薩。他經三侍衛稟報三大臣，再由匡佐大臣那闐布轉奏贊普道：「神變文成公主和世尊釋迦牟尼佛像已迎請來，還帶來公主父皇所贈諸多利樂雪域的順緣之物。臣有漢唐皇帝鞍韉繮彎俱全的棗騮御馬為信物，還有漢唐侍臣四人及大力護衛四人作證，祈請贊普陛下蒞臨迎迓慶典。」

　　贊普陛下親自前往舉行迎迓慶典的地方召見了大臣噶

爾。陛下聽罷噶爾此行千辛萬苦的經歷之後，欣然讚許道：「愛卿有漢唐皇帝陛下的諸多信物，卿不虛此行，勞苦功高！」

噶爾建議贊普：「神變文成公主與尼妃赤尊公主心智有所不同，祈請陛下舉行盛大慶典迎接。否則怕文成公主不肯在我雪域吐蕃安身立命。」

於是贊普宣布：「凡迎迓慶典事宜，悉聽大臣噶爾安排。」

噶爾傳令吐蕃千家萬戶說，文成公主具有神通，不知她將取道何方而來，故所有山川道路須通達無阻。

衛藏四如上至達官貴人，下至平民百姓皆聞風而動，將條條道路整修一平。拉薩城裡的人們，不論男女老少，都穿戴打扮一新，爭先恐後地湧向舉行迎接文成公主與釋迦牟尼佛像盛典的地方。

拉薩附近四面八方的人們，都說他們親眼目睹了神變文成公主到來時的情景。住在拉薩南面的人們說，公主自芝普河陰而來，還說公主手揮銀鞭指著山上的結冰說：「那冰塊好似右旋白螺，這裡的天空彷彿『卐』字旋轉」；住在東面的人們說，公主從東面的卡爾那當吉曲河渡口而來，故此地又名「嘉冒熱卡」——公主渡口；住在北面的人們說，我們在北面的果普村迎接公主，所以果普

村又叫「拉斯」村——迎公主村；而住在西面的人們則說，公主從堆龍山口穿過巴瓦察石山與支森沙丘而來。此處地門洞開，山形猶如豬鼻，天門敞啟，峭壁形似利劍。公主命漢唐工匠在這裡勒石作《姊妹護法圖》，人稱《岩神怙主》，今謂之「帕那敦」。

當公主一行行至拉薩河谷灌木叢的一處沙灘草地時，載著釋迦牟尼佛像的車輦陷入水如泉湧的泥沙之中。大力神喜借天神之力未能抬起，大力龍樂借眾人之力也未能推動，二人合力推拉仍無濟於事，只把車轅朝東調了個向。一峰峰駱駝、一匹匹騾馬從遙遠的東方馱來的東西只好全都卸在了這兒。

這究竟是怎麼回事呢？公主百思不得其解，於是她打開隨身攜帶的五行算殘卷，依照算曆占起「寶積堪輿」之卦。

於此南贍部洲，以其地形地貌概而言之，中天竺聖地金剛座北面的賓陀山自東向西以北，是為花團錦簇之地大象護衛之國；其北是雪山之王「剛堅」，於此冰峰雪嶺「卡瓦堅」自東向西以北，是為羅剎女仰天偃臥狀的吐蕃雪域之地；其南紫檀與旃檀山自東向西以南，是為如意珍寶之地天竺九洲之國；其南以澤達河為界自東向西以南，是為蓮湖之地羅剎國。雪域吐蕃東與漢唐接壤，西與蘇毗

⑮、尼泊爾、象雄⑯毗鄰，北為里域⑰、霍爾⑱和彌藥⑲等邦國。

於此冰峰雪嶺「卡瓦堅」自東向西以北，是為羅剎女仰天僵臥狀的吐蕃雪域之地

公主經占卦方得知：吐蕃中心地帶烏如拉薩吉雪河谷，有一名叫「臥塘湖」⑳的湖泊，此湖正是羅剎女的心臟部位，湖水便是羅剎女心房湧動的血液。贊普宮殿正好建在羅剎女的心頭之上；兩座高聳的山峰是羅剎女的乳房也是她的命根；四周各有一座龜狀之山，就像羅剎女的血盆大口；紅鐵二山一起一伏好似獅尾相連，這裡便是羅剎女發瞋心侵害生靈的心窩之所在，松贊干布與尼妃赤尊於此建造了兩座猶如羅剎王宮的城堡；紅鐵二山周圍的那四座毒蠍般嶙峋可怖的大山是羅剎女的幫兇，其山勢就像豬鼻拱食般從四面聚向一處，這意味著拉薩也將是盜匪惡人聚集之地。在四周群山的背後，東面有蓮花盛開狀之山，南面有珍寶堆積狀之山，西面有寶塔林立狀之山，北面有海螺置於綾帛狀之山。由此而得知，此方將有諸多洪福齊天之人和眾多登地菩薩及任運超凡的菩薩蒞臨，也將是善男信女雲聚之地，故四面八

方的人們都將紛至沓來。

拉薩這地方形似八瓣瑞蓮，四周八寶呈祥，天空八輻輪轉，此其盡皆妙勝功德之緣起。若在臥塘湖建造一座寺廟將對雪域吐蕃功德昭彰。不過此地尚有尋釁作亂之五敵，需要克敵制勝之五法。

文成公主再觀卦象，發現惹冒切這塊地方是地祇龍神的威怖宮殿之所在，當鎮之以釋迦牟尼佛像。於是她吩咐就地在載著釋迦牟尼佛像車輦的四周栽下四根柱子，拉上了白綾帷幔，搭起彩綢帳篷，並讓大力神喜與大力龍樂好生守護。隨後，公主這才率眾前往贊普宮殿東門。

此時，尼妃赤尊在鐵山寢宮聞得鼓號喧天，便登高循聲望去，她見漢唐文成公主一行已抵達贊普宮殿的東門草坪。尼妃心想，漢唐之人極善堪輿之術，若是讓文成公主在釋迦牟尼佛像停放的地方，先於自己建造佛殿則於己不利。於是，她匆匆趕去攔住文成公主道：「既然有我在此，何須勞你再來？我有不動金剛、彌勒法輪和旃檀綠度母像，還有《白蓮華經》和五部陀羅尼等諸多佛經作陪嫁，請問你帶來了些什麼？」

文成公主回答說：「我自有我的陪嫁！」

尼妃赤尊又問：「我有七頭大象馱來的奇珍異寶作嫁奩，你能比得上我嗎？」

　　「你是大妃子，你的嫁奩多，你的佛寶好，你的功德大，當然你有你的理。」文成公主揚起三節銀鞭指著臥塘湖又說：「那就先讓你在聖湖上建造佛殿，我自會找到合適的地方建造寺廟。」

　　尼妃總覺得文成公主出言不遜，盛氣凌人，便百般阻撓，就是不讓她與贊普會面。為此，大臣噶爾奉勸她說：「你先前未能建成佛殿乃事出有因，往後尚有勞文成公主堪輿則事關重大，請殿下恩准她與贊普會面後再說。」

　　尼妃非但不肯，反而對文成公主發難道：

<blockquote>

文成公主漢唐女，

使臣千辛迎娶你，

公主萬苦來聯姻，

豈料捷足我先登。

贊普英容我先睹，

陛下起居我侍奉，

王妃正側有尊卑，

我乃正妃應恭敬，

如若反其道而行，

有失體統理不容。

規矩方圓有道是：

沿街乞討誰看起？

</blockquote>

做人牛馬誰樂意？

病魔纏身誰安逸？

作惡之人誰讚譽？

殘湯剩飯誰說香？

妾身卑下誰讚賞？

積善行德誰譏笑？

皈依善法誰說孬？

供養三寶誰窮了？

你我要分尊與卑，

就來比試見高低：

一比讚頌佛法僧，

二比營造三寶殿，

三比頂禮應供處，

四比侍奉夫王君，

五比益利諸有情，

六比理財輔朝政，

七比稼穡事農耕，

八比抑惡揚善行。

比這比那若不行，

休得妄想見王君。

你我先比修神殿，

理所當然我在先。

文成公主對曰：

尼妃聽我說幾句：

殿下所言乃差矣。

正妃自當最高貴，

可你何貴之有呢？

自高自大有何用？

我雖卑微乃化身，

甘當菩薩牧羊女，

何嘗不可屈從你？

誰能萬事皆平安？

誰能鐵石不染疾？

誰能草木無憂慮？

誰能榮華常富貴？

誰怕撿到如意寶？

誰盼災禍從天降？

誰能日月永不落？

誰能紅顏常不老？

誰能降生不投胎？

誰能壽終不歸西？

英豪風燭殘年時，

美女幾多去爭寵？
我本無心與你爭，
你卻得理不饒人，
就算階梯你先登，
自稱正宮唯你尊，
嫁奩功勞唯你豐，
居功自傲唯你行，
瞋恚妒忌唯你凶！
你爭臥塘建神殿，
我且別處找地點，
你若果真不畏難，
拭目以待走著看，
比這比那皆可比，
妄自尊大終枉然。

接著文成公主揮起銀鞭指著臥塘湖說：「既然殿下那麼怕我占先，就請你在聖湖之上先建造你的佛殿吧！我自會找到我合適的地方修建我的寺廟。」文成公主說罷，順手將銀鞭插在惹冒切的草地上。

尼妃赤尊聽了文成公主的這番話後大為不悅，誤以為文成公主這是有意跟她過不去，便硬是從中作梗，遲遲不讓文成公主與贊普見面。文成公主也不甘示弱，她斥責尼

妃赤尊道：

> 貪瞋妒傲尼邦女，
>
> 妄自尊大赤尊你，
>
> 縱有日月當頭照，
>
> 心竅蒙蔽三無明。
>
> 明知吐蕃諸嬪妃，
>
> 上有蒙妃象雄妃，
>
> 還有里妃日邦妃。
>
> 你雖排位在我先，
>
> 自稱正宮有何益？
>
> 陪奩再多歸自己，
>
> 勞苦再大怨自己，
>
> 何必藉此誇自己？
>
> 我雖排名數最後，
>
> 業障概無具六度⑩，
>
> 我乃化身綠度母，
>
> 迢迢千里來雪域，
>
> 遠嫁大悲菩薩君，
>
> 益利眾生無私心，
>
> 只為大道諸有情！

文成公主的這番話語，雖說多少壓制了一些尼妃赤尊

的盛氣，可她還是百般阻撓，不肯讓公主與贊普會面。為此，內臣那闡布、大臣噶爾及屯米桑布札等不得不再三奉勸尼妃道：「殿下修建佛殿事關重大，尚有求文成公主堪輿……」尼妃赤尊思前想後，覺得眾卿所言或許有理，這才很不情願地讓文成公主與贊普會了面。

文成公主與贊普松贊干布相見之時異象紛呈：

於十方遍自在諸佛與眾菩薩眼前所呈現的景象是，大悲觀世音菩薩自普陀山起駕親臨雪域並化身為吐蕃贊普，他為的是在雪域弘揚善法，以便使吐蕃眾生盡皆往趨西方極樂世界，讓彼等在佛道樂土斷諸垢永淨，證諸德全覺；而至尊綠度母則化身為漢妃文成公主，攜世尊釋迦牟尼金像來到吐蕃與贊普聯姻。贊普與文成公主會面之際，二人渾身光芒四射，普照雪域，剎那間吐蕃眾生煩惱盡除，猶如獲得「金剛三摩地」㉑般的安逸福樂。

於眾天神眼前所呈現的景象是，在大悲觀世音菩薩、至尊綠度母和世尊釋迦牟尼佛像光芒四射的周圍，無以數計的諸佛與菩薩紛紛降至。在諸佛與菩薩的身邊，又聚集著千千萬萬的弟子徒眾，他們共同在雪域吐蕃享受著善法之無窮逸樂。

而在凡人們眼裡所呈現的景象是，贊普松贊干布與漢妃文成公主喜結良緣——

鸞鳳頻頻眉目傳情，

鴛侶雙雙互敬奶茶，

佳偶津津品嘗美羹，

伉儷二人嬉戲「骨臼」。

　　吐蕃睿智大臣噶爾率百人使團迎請文成公主之第十一章竟。

注釋

①文成公主：唐太宗之宗室女。公元641年，大臣祿東贊（藏文譯名噶爾‧東贊玉桑）奉命使唐請婚，迎娶文成公主與松贊干布聯姻。文成公主出嫁吐蕃時隨行攜帶了不少唐時的生產技術和醫藥、建築、算曆、藝文、法律、佛經等典籍以及釋迦牟尼十二歲等身金像一尊。文成公主在吐蕃三十多年，為吐蕃經濟、文化發展做出了特有貢獻，為漢藏人民友好往來譜寫了一曲千古絕唱的動人篇章。

②東國：東方之國、東方君主的藏語變音。

③七佛：毗婆尸佛、尸棄佛、毗舍浮佛、拘留孫佛、迦那迦牟尼佛、迦葉佛和釋迦牟尼佛。

④藥師八佛：釋迦佛、藥師佛、通慧王、誦經海佛、無憂勝吉祥佛、妙金無垢佛、妙音王和妙相遍吉祥佛。

⑤谷如八號：藏傳佛教寧瑪派對蓮花生常用的八種別號，即釋迦獅子、蓮花生、日光、獅子吼、忿怒金剛、蓮花金剛、蓮花王和愛慧

等八種名號。每一名號前均冠以「谷如」（上師之意），故名。

⑥五部六佛：即五部佛與六能仁。五部佛為不動佛、寶生佛、無量光佛、不空成就佛和毗盧佛；六能仁為妙觀、頂髻、一切救、拘留孫、羯諾迦牟和迦葉。

⑦三世諸佛：過去燃燈佛、現世釋迦牟尼佛和未世慈尊怙主彌勒佛。

⑧四眾：指比丘、比丘尼和優婆塞、優婆夷四眾弟子，亦即：僧和尼（出家的男女弟子），居士和女居士（在家的男女弟子）。

⑨壇城：道場，輪圓具足，梵音譯作曼陀羅。密乘本尊及其眷眾聚集的場所。本智以為主尊，道果功德以為眷眾，眷眾環繞本尊遊戲莊嚴，稱為輪圓。另指密宗所用的法品之一，多為圓形，有大有小。

⑩六度：布施、持戒、忍辱、精進、禪定和智慧。

⑪四攝事：菩薩攝持眾生的四種方法。即：布施攝，隨願布施法、財；愛語攝，善言慰藉；利行攝，隨順眾生意樂行益利事；同事攝，隨順眾生意樂，同其所作使得利益。

⑫嘉茂察瓦絨：簡稱嘉絨，舊指安多地區三大或四大谷地中號稱「大小金川十八家土司」所在地總名，今屬四川阿壩藏族自治州。

⑬墨竹岡：墨竹工卡，早期吐蕃贊普行宮牙帳所在地，位於拉薩東面拉薩河上游。

⑭聶吉南拉：松贊干布的一大臣名，藏史稱七良臣之一。據藏史記載，是他首先倡導將山居之民遷到平川谷地築屋而居，從事農業生產。

⑮蘇毗：《新唐書》二二一下〈蘇毗傳〉載：「……為吐蕃所併，號
　孫波，在諸部最大，東與多彌接，西距鶻莽峽……」另據藏史載，
　蘇毗被吐蕃征服後，其地劃為第五如，即孫波如。地在藏北與青海
　毗連之處，以嘉雪達巴策為中心，東至涅玉，南至黑河麥底卡，西
　至也夏布，北至納雪一帶。

⑯象雄：吐蕃一小邦，即兩唐書所載之羊同，今阿里地區一帶。賓服
　吐蕃，與吐蕃王室通婚，相傳為西藏原始宗教苯教的發祥地。《冊
　府元龜》、《唐會要》載：大羊同東接吐蕃，西接小羊同，北至于
　闐，東西千里，勝兵八九萬。至貞觀末被吐蕃兼併，劃分為象雄十
　東岱。

⑰里域：新疆南部崑崙山以北和塔克拉瑪干沙漠之間一帶地區總名。
　包括和田闐、且末、民豐和若羌等地，特指和闐、于闐地區古名。
　這一帶吐蕃王朝以前漢傳佛教曾十分盛行。《資治通鑑》高宗咸亨
　元年（公元670年）夏四月條下記：「吐蕃陷西域十八州，又與于
　闐襲龜茲拔換城，陷之，罷龜茲、于闐、焉耆、疏勒四鎮。」參見
　《漢藏史集》「聖地于闐國之王統」。

⑱霍爾：不同時期所指民族不同，唐、宋時指回紇，元代指蒙古人，
　元明之間指吐谷渾人。近代在民間指藏北牧民和青海土族。

⑲彌藥：又譯木雅。四川康定縣折多山以西，道孚以東地區古名。另
　指宋代時建都於寧夏銀川的黨項羌政權——西夏。

⑳臥塘湖：傳說松贊干布時，尼妃赤尊公主用山羊從澎波馱來土石填

217

平此湖後，經鎮妖伏魔，在其上建起了拉薩幻顯神殿，即今大昭寺。

㉑金剛三摩地：金剛喻定。在摧毀一切障礙證得大小乘修道究竟果位之極細微應斷分時，具有威力無阻之能治無間道。

第十二章　文成公主堪輿

　　我此番經細觀一百零八，詳察九十，勘誤七十二，已辨明地煞之相，須設法鎮伏之。我須勘察選定贊普宮殿之風水寶地是為一；僧眾聚集之清靜剎土是為二；仙人居住之靈山秀水是為三；娛樂逍遙之離宮勝境是為四；出巡郊遊之行宮之所是為五。其中首當選定俱全八種殊勝功德的贊普宮殿之風水寶地，並要先行伏魔除邪耳。

──題記

　　尼妃赤尊邀請贊普到她的寢宮商議修建神殿事宜，贊普准許她任意選址建殿。隨後尼妃役使眾多僕從並召請許多男女夜叉，在拉東的一片草地上破土動工修建神殿。可不知何故，他們白天修，晚上就被拆毀。尼妃轉而又在雅隆、烏如吉雪和後藏等地選山靈水秀之地，奠基了一百零八處神殿均遭毀壞（原注：此即後來慈尊在上述地方廣建法苑之緣起）。

　　尼妃百般無奈之下，這才想起大臣們曾勸告她說，修建神殿之事尚有勞文成公主相助，看來果然被眾卿言中了。既然文成公主極善堪輿，想必自有妙法，不妨請教請教她。

　　尼妃遂派一親信侍女攜帶一藏升沙金贄見禮去見文成公主。她囑咐侍女說：「在拉薩沙灘草地的一泓清泉邊，文成公主正在白綾帳中供奉釋迦牟尼像。你見到她後先送上贄見禮，切莫言及我以往修建神殿被毀之事，就說有請她給我指點一處修建神殿的風水寶地，待我的神殿修成之

後就讓她修建她的神殿。」

侍女前去道明來意，文成公主打開五行算曆仔細堪輿過後道：

「我當初好言相告，赤尊殿下反以為我存心不善。我此番經細觀一百零八，詳察九十，勘誤七十二，已辨明地煞之相，須設法鎮伏之。我須勘察選定贊普宮殿之風水寶地是為一；僧眾聚集之清靜剎土是為二；仙人居住之靈山秀水是為三；娛樂逍遙之離宮勝境是為四；出巡郊遊之行宮之所是為五。其中首當選定俱全八種殊勝功德的贊普宮殿之風水寶地，並要先行伏魔除邪耳。

「在環繞拉薩的群山背後，東面之山形似芙蓉爭豔，南面之山彷彿珍寶璀璨，西面之山猶如寶塔林立，北面之山宛若瑞蓮盛開。這都是雪域之地將廣遍信奉世尊，光大弘揚佛法的象徵。此地又呈八瑞之相：北方澎嘎有形似寶傘之山（喻首），東方迪巴有形似金魚之山（喻目），南方董贊有形似海螺之山（喻口），宗贊有形似瑞蓮之山（喻舌），直宗有形似寶瓶之山（喻頸），告波有形似吉祥結之山（喻心），西北面的谷頂形似勝利幢（喻身），堆龍的溝口形似金輪（喻手足）。這裡的地形呈八瑞蓮之狀，天空現八輻金輪之相，所有這些都預示著一切功德都將在這裡出現。此外，此地還有四大礦藏，即：杜岱熱嘎岩山銅

礦，多底告波鐵礦，拉當山銀礦和鐵圍山金礦。而在臥塘湖的四周，東有白虎山，南有青龍山，西有赤鷹山，北有烏龜山。這四座山便是修建神殿所應具足的山神。這四座山又各有其地煞，須一一鎮伏之。

「吐蕃之地猶如羅剎女仰臥之狀，拉薩腹地的中心是羅剎女的心臟，臥塘湖便是羅剎女沸騰的心血，紅鐵二山就像猛虎與雄獅連尾，正是羅剎女瞋心之所在。而惹冒切則是龍王的宮殿，哲拉岩洞是女妖的寢宮，朱普至娘然之間有一條龍妖出沒的通道，嘎曲達瓦苑是厲鬼與獨角鬼聚會的地方。再則，在東面安蘭仲巴山有水怪突兀狀之地煞，在南面嘎瓊由瑪山有黑蠍攫食狀之地煞，在西面辛吉第俄則岩山有黑魔瞭望狀之地煞，在北面娘占至道爾狄俄一帶的山嶺中，有大象入戰陣狀之地煞。拉薩此地具足八功德，其地貌呈八瓣瑞蓮狀，其天象現八輻金輪樣，周邊還有吉祥八瑞相。

「若要修建神殿，先要鎮妖伏魔。應在龍妖出沒的必經路口鎮之以白塔；在西北面鐵圍山下的女妖寢宮洞口，鎮之以岩神怙主像；在惹冒切的龍王畏怖殿，鎮之以世尊佛像；在東面黑羅剎逞凶的沙灘上，鎮之以大自在天陽具塔。此外，還要對水怪地煞鎮之以海螺，對黑蠍地煞鎮之以大鵬，對黑魔地煞鎮之以紅塔，對大象地煞鎮之以雄

獅。當所有這些鎮妖伏魔之事均告完成之後，再用山羊從澎波運來土石填平臥塘湖，然後方可在其上修建神殿。」

文成公主授以尼妃建造其本尊神殿的所謂「炯巴永」之良策，不料卻被那侍女顛三倒四地訛傳為「先用山羊運土填湖」云云。尼妃照此行事，用一群群山羊從澎波馱運土石填湖，七天七夜過後，只見湖面濁水渾泛，結果還是徒勞一場。尼妃以為這是文成公主居心不善而故意所為，不得已又向贊普請教修建神殿之良策。

文成公主寶積堪輿之第十二章竟。

第十三章　造聖像伏妖魔

　　那麼如何才能鎮伏這些地煞妖魔呢？贊普又向旃檀本尊佛像祈禱，本尊佛像告之曰：「請造立一尊陛下的替身像。」

——題記一

　　贊普還在夢中尋思著，不覺得天已熹微。贊普起身一看，那堆造像材料已變成一尊十手十一面大自在大悲觀世音菩薩像了。

——題記二

　　這尊造像是雪域吐蕃的第一尊天成本尊像。

——題記三

　　贊普聞言，決意給這群魑魅魍魎點顏色瞧瞧。他回宮後立刻向天成十一面大悲觀音像禱祝。大悲觀世音像隨即自增廣二首發出紅綠兩道威光。忿怒綠甘露旋明王藉直射扎拉女妖魔窟的綠色威光，揮舞金剛杵，所向披靡；忿怒紅馬頭明王藉直射西南隅麞林的紅色威光，口噴火團，燒著了林中的毒樹，毒氣頓時四處彌漫，聚集在這裡密謀的妖魔鬼怪被毒氣熏得暈頭轉向。隨即，紅綠二忿怒明王又從鼻孔中噴出末劫烈焰颶風，把妖魔鬼怪統統席捲到尼民陀羅和鐵圍輪山之間的外咸大海的荒島上去了。當那群妖魔鬼怪甦醒過來後，只能手搭涼棚遙望雪域哀嘆了。

——題記四

　　尼妃向贊普請教建造神殿之良策，陛下遂向天成旃檀度母像①禱告，度母像應聲自右目放出光芒直射臥塘湖。

　　拉薩的邑民平素總要趁贊普每日清晨遛馬之際，紛紛前來頂禮並一睹贊普的風采。可這天人們只見贊普額前熠熠生輝，卻不見他的身影。人群中天資聰慧者，聽到天空中不時傳來偈頌法音；而天生愚鈍者，先是隱約聽見叮噹鏗鏘的聲音，後又彷彿聽到鳴嘟喧闐的聲響；還有人三次聽到猶如萬馬奔騰之聲。急於見到贊普尊容的人們，當聽到馬群往返奔馳嘶鳴三次過後，才看見贊普額前的紅光消失，身形重現，頓時歡呼起來。

　　一日，贊普派人告知尼妃，有請她翌晨一起去遛馬。次日晨，尼妃如約來到跑馬場。這跑馬場兩邊的圍欄與贊普的身材一般高，跑道下掘約兩人深，三庹寬，是用陶磚、青磚和木板一層層鋪成的，跑道的兩壁雕刻裝飾得五彩斑斕。

　　從跑馬場的南門到臥塘湖大約有三百庹之遙。當贊普

與尼妃並駕齊驅，緩緩遛馬來到湖邊時，贊普示意尼妃勒馬停步並取下手上的金戒指對她說：「這只戒指落在哪裡，就請愛妃在哪裡奠基修建佛殿。」贊普說著便將戒指拋向空中，戒指落在馬鞍的前橋上後彈進了臥塘湖中。

贊普問：「你看見戒指落到哪兒了嗎？」

尼妃心想，陛下這樣做，肯定是與文成公主串通一氣來故意捉弄她的，便回答說：「因淚水盈目，哪裡還看得清一只小小的戒指？」

贊普詫異道：「你這是怎麼了？」

尼妃泣不成聲地訴說道：「我已上百次地修建佛殿，卻屢遭毀壞，現在所有的建築材料都已耗費一空了……」

贊普安慰道：「愛妃莫要過於傷心，我會有辦法的。」

贊普隨即向文成公主帶來的釋迦牟尼像和赤尊公主帶來的不動金剛像大施供奉並祈願禱告。這兩尊佛像自胸際發出黃白兩道光芒射向臥塘湖。接著，贊普又向天成蛇心旃檀十一面觀世音像廣施供奉並祈願。這尊佛像是贊普和蒙妃赤尊的化身之子比丘阿嘎瑪德從天竺南方羯沙流坡坭像身後的沙灘中掘出請來的。這尊佛像亦自胸際發出一道白色的光芒直射臥塘湖。這時贊普讓尼妃擦掉眼淚並指著那道光芒說：「看見那道白色的光芒了嗎？」尼妃說她看見了。

　　尼妃隨即向墨竹龍神供上朵瑪②並連聲祈禱。旋即，光芒又射向吉曲河南岸，吉曲河水頓時變得波光粼粼，水色瀲灩。

　　尼妃見此情景，問贊普該當如何是好。贊普說：「那就伐來南山麝林的樹木填平臥塘湖！」結果伐木填湖仍未奏效。

　　尼妃又請贊普出主意。贊普說：「我自有辦法。你去役使男女夜叉到桑普搬運石料，我來向我的本尊神像禱告。」贊普

這時尼妃定睛一看，只見一個寶塔似的方形石堆已赫然矗立在臥塘湖中

向天成大悲觀世音本尊佛像供奉禱祝，本尊佛像自胸際發出五彩的光芒交織成網狀光束射向湖心。這時贊普對尼妃說：「你趕快讓尼泊爾石匠鑿一塊石料，把它扔到湖心光芒所照之處。」

　　尼泊爾石匠鑿出的石料拋進湖心之後，那道光束隨即消逝。這時尼妃定睛一看，只見一個寶塔似的方形石堆已

赫然矗立在臥塘湖中。

工匠們用麝木木樁和鐵釘鐵扣，卯套卯、扣連扣地把石堆加固了起來，每根木樁上都塗上了金剛石般火燒不壞、水浸不蝕的勒域金剛黏泥塗料。然後在石堆上鋪設了一層鑄鐵磚並用鐵水鑄黏起來，上面又一層層鋪上了山羊從澎波馱來的石板、青磚和木板。接著，按照尋常人家宅舍，打四方地基，大小如同一只木筏；按照世俗人家房屋，做百格窗櫺；按照苯教徒習慣，地平上鑲嵌了「卐」形圖案；按照出家人習俗，殿堂內裝飾得如同妙香室；按照咒師儀軌，殿內繪製了十一忿怒明王壇城。柱子呈橛子形，天井懸垂瓔珞，佛殿的外觀作大尸林畏怖之狀，以示三十七菩提分法③威儀。可是尼泊爾工匠白天修，妖魔鬼怪就晚上拆，如此三番五次，最終還是未能修成。

尼妃赤尊不知所措，只好再次向陛下請教。贊普沉思片刻後說：「我治下方域，乃八殊勝功德之地。就拉薩此地而言，地貌呈八瓣瑞蓮之形，天空現八輻金輪之狀，四周顯吉祥八瑞之相。想必凡有功德之處，必有地煞作祟。依我看，在拉薩這地方，東西方有水怪兀立狀之地煞，須鎮之以海螺塔；東面的上部沙谷有羅剎女張臂狀之地煞，須鎮之以大自在天陽具塔；南面朱卡賽有烏龜攝食狀之地煞，須鎮之以大鵬鳥喙塔；西面的樺林山有黑魔瞭望狀之

地煞，須鎮之以黃塔；北面娘占至杜岔之間的山巒中有大象入陣狀之地煞，而靠山巒西邊的甘丹湖畔有厲鬼出沒的通道，須分別鎮之以石獅與白塔；在西北面的藥王山上有女妖魔窟，須鎮之以怙主聖像；在北面惹冒切的草甸上有龍王畏怖宮，須鎮之以世尊佛像。」（原注：贊普所說與文成公主堪輿相符。）

那麼如何才能鎮伏這些地煞妖魔呢？贊普又向旃檀本尊佛像祈禱，本尊佛像告之曰：「請造立一尊陛下的替身像。」贊普問尼泊爾神變工匠道：「你能否造立一尊我的替身像？」尼泊爾工匠回稟說可以。

於是贊普親自為自己的造像備料。其中有神變比丘阿嘎爾瑪迪從八大聖地④取來的聖土；有從尼蓮禪河畔世尊苦行時放置過鉢盂的地方帶來的淨沙；有摩揭陀國的菩提樹中柱木和白旃檀足木；有準備安放進造像內的菩提木雕像三尊；有作造像心臟的蛇心旃檀木雕像一尊和用來作眼珠的珍寶兩顆；還有瀛洲茅草、白旃檀木、蛇心旃檀粉以及草繩、鐵釘、綢帶等其他一些輔料。贊普把這些造像材料備齊後堆放在臥室榻前，並傳旨請尼妃赤尊和漢妃文成天亮後來參加他替身造像的開光慶典。

夜半子時，贊普在夢中隱約看見諸佛與眾菩薩煌然降臨榻前，一晃復又離去，那些造像材料隨之就不見了。贊

普暗自慶幸自己將獲得一尊可與諸佛與菩薩相垺，並得到加持的替身像。後半夜，贊普的腦海裡恍惚浮現著大悲觀世音的五十七種化身形象，不知自己的替身本尊像究竟是其中的哪一位。是十一面觀世音菩薩呢還是千手千眼佛？是馬頭明王呢還是六字觀世音菩薩？或者是不空絹索菩薩、羯沙流坡坭菩薩、獅子吼菩薩、如意輪菩薩……贊普還在夢中尋思著，不覺得天已熹微。贊普起身一看，那堆造像材料已變成一尊十手十一面大自在大悲觀世音菩薩像了。

這尊造像有十隻手：其根本雙手胸前合十；右側的四隻手自上而下一手托世尊佛像，一手握帝釋天印，一手持金輪，還有一隻手摁著大地；左側的四隻手自上而下一手拿淨瓶，一手執金剛，一手捧瑞蓮，還有一隻手挽著良弓。

此像有十一首：其根本三首和顏悅色，潔白如玉，昭示著成就太平盛世之偉業，正面之首別具三隻慧眼；根本三首之上是增廣二首，面色金黃，笑顏永駐，預示著成就繁榮昌盛之大業；增廣二首之上是威福二首，面目可怖，威風凜凜，顯示著成就威震天下之勳業；威福二首之上是忿怒二首，瞪目獠牙，威嚴可怖，炫示著成就威猛宏偉之功業；最上面是阿彌陀佛之首，慈眉善目，紅光滿面。這

尊造像潔白勝睡蓮，俱全諸相好。上身穿鹿王皮肩帔，下身著五彩綾羅裙。此像身高齊阿彌陀佛之首以下與贊普絲毫不差。

贊普對尼泊爾神變工匠說：「你造立的這尊本尊像實在是太妙了。你是否將天成蛇心旃檀佛像及三藏升如來三佛的舍利和菩提樹中柱木，都安放進了造像內？」

尼泊爾神變工匠連忙回稟道：「吉吉，贊普陛下，您的這尊造像非愚下所造。今天一大早，我正打算動手造像，沒想到一尊美妙絕倫的造像已赫然挺立在陛下榻前。我當時還窺見這尊造像自個兒晃晃悠悠地用左手把短裙撩在左膝上，然後蜷起右腿自足心發出三道光芒，將蛇心旃檀佛像及如來三佛的舍利和菩提樹中柱木全都收到左膝上後化作一卵形之物納入胸間，造像上的阿彌陀佛之首還左顧右盼了一下。您看那本尊像撩在左膝上的短裙還沒放下來的樣子，正是當時留下來的。」

這尊造像是雪域吐蕃的第一尊天成本尊像。贊普為之驚嘆不已，喜不自勝。隨後，贊普命尼泊爾神變工匠再造立一尊千手千眼佛像。

有一天，正值「天盡日」初更時分，贊普獨自微服出訪。當他走到正南隅麝林苑的峭壁下時，見一群妖魔鬼怪正聚在一起議論說：「吐蕃乃我等『非人』受用之地，可

如今松贊干布崇興佛法，還說要降伏我等。什麼佛不佛、法不法、僧不僧的，我們必須阻止崇佛，要讓所有信佛行善的人們受盡疾病瘟疫之苦、冰雹霜凍之害、荒蕪饑饉之災。還要阻止贊普與后妃修建寺廟，過去他們修，我們拆，以後要像隕石雨般去摧毀所有的佛寺神殿……」

贊普聞言，決意給這群魑魅魍魎點顏色瞧瞧。他回宮後立刻向天成十一面大悲觀世音像禱祝。大悲觀世音像隨即自增廣二首發出紅綠兩道威光。忿怒綠甘露旋明王藉直射扎拉女妖魔窟的綠色威光，揮舞金剛杵，所向披靡；忿怒紅馬頭明王藉直射西南隅麝林的紅色威光，口噴火團，燒著了林中的毒樹，毒氣頓時四處彌漫，聚集在這裡密謀的妖魔鬼怪被毒氣熏得暈頭轉向。賡即，紅綠二忿怒明王又從鼻孔中噴出末劫烈焰颶風，把妖魔鬼怪統統席捲到尼民陀羅和鐵圍輪山之間的外咸大海的荒島上去了。當那群妖魔鬼怪甦醒過來後，只能手搭涼棚遙望雪域哀嘆了。

在沖天的熊熊火光中，阿彌陀佛、羯沙流坡坭和馬頭明王的影像，赫然映照在藥王山下的峭壁上。贊普見之驚喜萬分，急命尼泊爾石匠描摹鑿刻下了映照在峭壁上的眾神之像。這一聖跡至今仍被稱作「拉見當」。

造聖像竟自天成，除妖魔盡皆調伏之第十三章竟。

注釋

① 天成旃檀度母像：尼妃赤尊公主從尼泊爾帶到吐蕃的一尊度母像。
　傳說該像是從一棵旃檀樹中天然生成的，為藏傳佛教極為珍貴的三
　神像之一，現供奉於小昭寺。

② 朵瑪：一種用糌粑捏成的錐形供品，用以供奉、祭祀神鬼之用。

③ 三十七菩提分法：三十七道品，即：四念住、四正斷、四神足、五
　根、五力、七覺支和八聖道支。

④ 八大聖地：八大勝境，佛生處迦毗羅衛城龍彌尼林；初轉法輪處迦
　尸國婆羅奈斯城鹿園；再轉法輪處廣嚴城；三轉法輪處摩羯陀國王
　舍城邊耆奢崛山；現神通處舍衛國祇陀園；成道處金剛座；苦行處
　尼蓮禪河東岸；入滅處拘尸那國跋蘭河邊婆羅林。

第十四章　修建拉薩神殿

他步入後中殿，只見光環下不動如來佛師徒九人正在論辯大乘佛法，贊普不禁大喜；當他走進後右殿，見無量光佛師徒九人正在一起辯經；來到後左殿推門一看，見彌勒法輪佛師徒也正在一起說法；贊普轉而又來到南側的上下二殿，在上殿見四位慈尊菩薩正在辯經說法，進下殿則見眾財神瞻婆拉圍著不動金剛佛一起商量降伏雪域妖魔之良策，其中一瞻婆拉正起身向不動金剛進獻一稀世伏藏寶瓶。隨後，贊普又去北側的上下二殿視察，他在北上殿看見彌勒沐浴佛也正在給眾弟子講經。贊普對諸佛與眾菩薩的如此之舉甚是歡喜。

——題記一

「諸神像赤足而立，無一就座，乃昭示後世出家人皆應一心向佛，潛心修習，須不顧一己之安逸福樂，要像慈母疼愛稚子一樣，去護佑、利樂貧困、煩惱、苦難的眾生！」

——題記二

一日，贊普召見尼妃赤尊說，我一為履行對令尊尼王的承諾，二為雪域眾生有應供之處，三為摒棄一切邪惡、弘揚所有善好之故，建造了拉薩幻顯神殿，並將正殿山門及所有內殿之門都朝南向著尼泊爾而開。

——題記三

為使我治下善男信女的子孫後代免遭侵害，可在蛇形柱下埋藏威猛咒力伏藏，藉此加持，但凡信解嚮往聖地拉薩的人們都將得到護佑；為了回遮邊邦鄰國的惡咒禍害，可在獅形柱下埋藏回遮惡咒伏藏，藉此福力，但凡景仰聖地的人們均可免遭不測。

——題記四

　　次日，贊普問尼泊爾神變工匠道：「昨晚你可曾看見現身於兩道光芒之端的忿怒二王？」回答說：「有幸親眼目睹。」贊普又問：「你能否造立這兩尊忿怒二王的塑像呢？」尼泊爾工匠說可以。

　　沒過幾天，尼泊爾工匠就造好了四頭六臂的忿怒甘露旋明王和馬頭明王的塑像兩尊。隨後他又遵贊普之命，相繼造立了羯沙流坡坭菩薩和觀自在菩薩像兩尊；不空絹索菩薩和如意寶輪八地菩薩像兩尊；阿魯救度佛母、光明仙女佛母、金剛忿怒佛母和救度八難佛母等彩塑四身。至此，包括天成十一面大悲觀世音菩薩像在內，共造立諸佛與菩薩像十一尊。也有人說共造立大悲觀世音及其弟子徒眾塑像九尊。

　　贊普所造立的這些本尊像，均安立供奉在陛下的正宮后妃珀崗蒙妃赤尊修建的拉薩卡扎佛殿。此後，贊普經常住在卡扎佛殿，時時供奉十一面觀世音菩薩等十一尊神像。贊普的第二位妃子是苯波女象雄妃赤尊，她主持修建

了滕博古巴佛殿；第三位妃子是木雅女東妃赤尊，她主持修建了哲拉貢布佛殿。東妃赤尊還在女妖魔窟旁的一岩壁上勒石作大日如來佛像。另在宮殿的西北面，為阻斷厲鬼出沒的必經之路造立了一座白塔，並舉行了佑僧儀式。若不造立此塔，厲鬼將侵害吐蕃出家人的性命；第四位妃子是里域女董妃赤尊，她主持修建了拉薩棋苑佛殿。松贊干布的上述四位后妃均係吐蕃女子，傳說她們是四供養天女的化身。再後是白度母化身尼妃赤尊，她主持修建了拉薩幻顯神殿（大昭寺上殿）；最後是綠度母化身漢妃文成赤尊，她主持修建了拉薩惹冒切寺（小昭寺）。

尼妃赤尊意欲神不知鬼不覺地建造佛殿，她擇一細雨霏霏、大霧濛濛的日子又向贊普求助。贊普為使雪域消災避難，棄惡揚善，積德求福，弘倡佛法，成就善業，也為了履行他對赤尊公主及其父王的承諾，決意親自建造佛殿。

贊普搖身一變，幻化出化身五千，有的運土，有的搬石，有的伐木，有的解板，有的和泥，有的壘石，有的砌磚，有的邊唱號子邊打牆。這五千化身，東面幹的東面幹，西面忙的西面忙，南面修的南面修，北面蓋的北面蓋。雨霧濛濛之中，只聽得人聲喧鬧，沸騰一片。然而，拔地而起的神殿，轉眼間又被鬼怪夷為平地。

　　贊普松贊干布經與文成公主商議並縝密堪輿之後，得知雪域之地呈羅剎女偃臥之狀，其頭、肩、肘、髖、膝、足等部位非鎮壓不可。就像在四肢灸艾一樣，須在「四如」修建神殿①來鎮伏羅剎女的四肢。

　　於是，贊普又變幻出眾多工匠，在烏如建噶采寺，置二十一居士道場以鎮羅剎女右肩；在夭如建昌珠寺，置八大星曜道場以鎮其左肩；在也如建藏章寺，置四大天王道場以鎮其右髖，在運如建准巴江寺，置喜金剛華博央智巴道場以鎮其左髖。以上為建造在四如的四佛寺。

　　接著又為鎮壓各關節部位②，在東南方建貢布博切寺，置大黑護法道場以鎮其右肘；在西南方建洛札空塘寺，置五部佛道場以鎮其左肘；在西北方建江察希昂欽寺，置大寶道場以鎮其右膝；在西南方建門域奔塘吉曲寺，置蓮花灌頂本尊道場以鎮其左膝。其結果仍未能鎮伏羅剎女。

　　繼而又在東面的多康建隆塘度母寺，置伏魔道場以鎮其右掌；又建泊爾切噶扎寺，置毗沙門道場以鎮其左掌；在西北方建扎登則寺，置九神殿道場以鎮其右足；在西南建絳巴鎮寺，置土地神女道場以鎮其左足。此外還建造了一座倉巴朗倫寺，以鎮其陰部。

　　如上所述，唯恐文字繁冗，故只求確鑿而不求詳盡無

遺。其詳情記於后妃遺囑《聖潔素絹》及十六大臣遺囑
《如意明月》等祕籍。

　　當這些鎮肢寺廟和鎮節寺廟以及鎮伏四隅地煞的寺廟
均告建成之後，贊普心想建造拉薩神殿的時機已到，於是
又變幻出化身五千。他為了懲治獼猴父羅剎母的後代中那
些惡貫滿盈的不肖子孫，先行調遣勇士化身一千，將所有
不法之徒盡皆收監囚禁，並施之以斬首、剜目、剝皮、砍
手、剁足、枷腳、火烙、鐐銬、棍杖、石砸、穴囚以及土
刑、火刑、風刑等種種酷刑。與此同時，松贊干布親率其
餘四千化身工匠來到神殿建築工地。贊普親自掌尺，四千
化身工匠採石的四百、運石的四百、伐木的四百、拉運的
四百、踩檉柳的四百、和泥的四百、送泥的四百、上泥的
四百。其餘的解板的解板、刨料的刨料，雕刻的雕刻、繪
畫的繪畫、上漆的上漆，大家幹得熱火朝天。拉薩的邑民
們不時隱約聽到劈哩啪啦、叮鈴噹啷的聲響。

　　此番建造的拉薩幻顯神殿，地基呈四瓣瑞蓮形，四隅
作御敵花翎狀，其外表依照聲聞壇城形狀，內裡仿照護法
壇城式樣，正殿山門按照向尼泊爾國王的承諾而西開，大
大小小的窗櫺整齊而精緻，所用的石料皆取自桑普。

　　當瀟瀟雨歇，濛濛霧散，熙來攘往的喧鬧聲也隨之平
靜了下來。這時拔地而起的拉薩幻顯神殿只剩下搭蓋屋頂

了。贊普意欲即日完工，眾化身工匠遵贊普之命，上頂的上頂，裝飾的裝飾，繪畫的繪畫，又一鼓作氣幹了起來。

往日只有贊普一人需要用膳，其他化身工匠不用進餐。尼妃赤尊每天都給贊普親自烹飪送去十三種美味佳餚和頭道甘醇米酒。其實，也只有尼妃一人能從贊普的五千化身工匠中認出贊普本人來。這天尼妃聽到文成公主的僕人讒言說：「陛下只把尼妃赤尊掛在心上，而把萬般辛苦的文成公主忘在腦後……」她心中悶悶不樂，便藉故梳洗打扮，隨便打發了一侍女去給贊普送膳。

這侍女到了工地一看，只見到處都是頭繫紅綾帶、個個都和贊普一模一樣的人，她怎麼也辨認不出究竟哪一位是贊普陛下本人。便又返回來稟告尼妃說：「我認不出哪一位是贊普陛下。」

尼妃赤尊說：「沒什麼不好辨認的。在神殿的壇城上面有一位身材魁梧高大、頭頂上紅殷殷的綾帶裹著一尊阿彌陀佛像的便是贊普本人，他正在雕刻柱子頂上的飛簷獅子像。其他人雖然和贊普一模一樣，但都是陛下的化身，他們頭頂上都沒有阿彌陀佛像。你回頭再去仔細辨認就能找到。見到陛下後，你若不能把御膳端到他手裡，擱在他面前也行。」

那侍女回頭又去挨個兒尋找，當她找到陛下跟前時，

頓時被贊普的神威怔住了。侍女一時不知所措，匆匆把御膳丟在陛下的面前轉身就往回跑。御膳讓她端來端去地也早已涼透了。

侍女這一跑，贊普瞥了她背影一眼，心想赤尊公主不應如此無禮。就在這一瞬間，贊普斧子一偏，把正在雕刻的飛簷獅子像的鼻子給劈掉了。這下子其他化身工匠也手起斧落，把飛簷獅子像的鼻子給統統砍掉了。據說這一失手，將導致雪域在世界壞滅之末劫，世俗眾生因背信棄義而斷子絕孫，抑或祖宗三輩因背誓渝盟而殃及後代。不過唯獨有一隻獅子像有鼻子，那是當時為了拉墨線，將寶瓶柱頂（譯注：本書即掘藏於此柱頂端）飛簷上的獅子鼻子用犀牛角膠重新黏上去的。藉此功德，當邊塞發生戰事時，菩薩將會現身顯靈，化干戈為玉帛。

贊普接著又失手鑿穿了一塊木板，其他化身工匠也隨之鑿穿了一塊塊木板。據說這一過失，將導致吐蕃人心直口快，嘴巴不牢，且所作所為不中肯綮。

贊普隨後又不慎鋸口一偏，其他化身工匠也偏了鋸口，結果把所有柱子的稜角都給鋸偏了。據說這一過失，可能會使吐蕃人在末劫到來之際，法度廢弛，惡行肆虐，咒師無能，咒語不靈，僧人失戒，眾生永無超脫之日。

贊普本人及其化身工匠如此再三失誤，其原因是由於

獼猴父羅
剎母的後
嗣中那些
愚頑之
輩，無端
讒言贊普
與后妃所
致。此之
罪過，可

大昭寺寶瓶柱、樹形柱和蛇形柱等柱頂的飛簷獅子像

使俗人無法無天，咒師咒術不靈，僧侶不持戒律，這都是
挑撥離間的惡果。所以說「僧徒因嚼舌而瞋貪，俗眾因讒
言而結怨，骨肉因挑撥而相殘，部族因離間而爭戰」。搬
弄是非，後患無窮，挑撥離間，罪孽深重，故至死也不可
為之。

　　贊普對自己一再失手，也頗感莫名其妙，他心想自己
如此竭盡全力，而尼妃赤尊卻不能侍奉如一。本打算神不
知鬼不覺地建成神殿，可偏偏讓那俗人侍女把一切都看在
了眼裡。這樣一來，我即便有再大的變化神通，往後又有
何益？贊普為此快快不快，他順手抄起斧子在一化身工匠
的背上輕輕敲了一下，頃刻間所有的化身工匠一個個都變
成了茅草、石子、木屑、木炭和羊糞蛋兒什麼的了。空中

的祥光彩雲隨即消散，神殿內頓時變得空空如也。

那侍女驚慌失措地跑回去後，向女主子稟告了方才發生的事，尼妃大驚失色，匆匆趕往工地。她在河邊碰見了肩扛著斧子、滿臉陰沉地正往回走的贊普陛下，尼妃連忙向贊普賠罪並請求寬恕。在尼妃的再三懇求下，贊普又變幻出一千個化身工匠繼續修建拉薩神殿。

與此同時，尋常人所見到的情景是：贊普用斧背輕輕敲了敲一化身工匠的後背，所有的化身工匠一個個隨即變成了木屑、茅草、石子、木炭和羊糞蛋了；大臣們所看到的情景是：化身工匠們從石牆上一晃就不見了蹤影；而贊普和眾后妃則見：眾天神與空行相伴而至，將殿堂修建、裝飾得雕梁畫棟，金碧輝煌。

這天傍晚，忽然雷鳴電閃，又聽到陣陣鼓聲傳來。拉薩城裡的人們議論道，為何偏偏在這黃昏時分陣陣鼓聲催人呢？此刻夜色已暮，且烏雲滾滾，雷電交加，眼看暴風雨就要來臨了，莫非贊普是怕尚未蓋好屋頂的神殿被雨淋了才擊鼓召集我們。拉薩的邑民們紛紛帶著褐子、毛氈等各種雨具，蜂擁前往北面的沙洲。當人們爭先恐後趕到工地時，贊普的化身工匠已在夜幕中建好了神殿。

這時，大臣說他們親眼看見在神殿的屋頂上，眾多化身工匠手拿肩扛著斧、鑿、鋸、銼，令人好不驚奇。跑在

前面的人說他們有幸看見了好多化身工匠，而走在後邊的人說他們雖不曾眼見其人，但卻耳聞其聲云云。拉薩神殿（下殿）落成後，拉薩的邑民才知道這完全是贊普陛下顯現化身的成就，皆為之驚嘆不已。

次日，贊普打算在剛落成的拉薩神殿中，擇一殿堂安立天成十一面大悲觀世音師徒等九尊神像，於是就先來到坐東向西的左、中、右三後殿察看。他步入後中殿，只見光環下不動如來佛師徒九人正在論辯大乘佛法，贊普不禁大喜；當他走進後右殿，見無量光佛師徒九人正在一起辯經；來到後左殿推門一看，見彌勒法輪佛師徒也正在一起說法；贊普轉而又來到南側的上下二殿，在上殿見四位慈尊菩薩正在辯經說法，進下殿則見眾財神瞻婆拉圍著不動金剛佛一起商量降伏雪域妖魔之良策，其中一瞻婆拉正起身向不動金剛進獻一稀世伏藏寶瓶。隨後，贊普又去北側的上下二殿視察，他在北上殿看見彌勒沐浴佛也正在給眾弟子講經。贊普對諸佛與眾菩薩的如此之舉甚是歡喜。

贊普最後來到北下殿。此殿寬敞高大，富麗堂皇，尤其是殿門向南朝著天竺金剛座而開，正好預示天竺善法將在吐蕃之地弘傳。贊普覺得在北下殿供奉他的天成十一面大悲觀世音本尊佛及其弟子等九尊佛像再合適不過了。

當贊普剛邁步走出殿門，要去迎請安立這些佛像時，

247

阿亞巴洛的化身薄伽梵龍王突然騰雲駕霧而至。此化身體形似人，渾身銀白，一面三目，頭懸二十一條蛇首華蓋，身坐二十一條蛇尾寶座，背靠二十一條蛇身靠背，雙腿左盤右伸，雙手舞著一條銀鏈似的白蛇。他按下雲頭向贊普揖禮並獻上那條白蛇銀鏈後祈請道：「贊普陛下，我願護持此神殿免遭小千世界之危害，請陛下為我也造像一尊。」說完即隱身而去。

贊普沒走幾步，又被金剛手大勢至的化身三眼五蛇首黑歡喜龍王攔住。他向贊普施禮後啟奏道：「贊普陛下，我願護佑此神殿不受中千世界之危害，有請贊普為我造像一尊。」話音剛落他就不見了。

緊接著贊普又遇見文殊菩薩的化身九蛇首紅近喜龍王。他向贊普施禮後奏道：「我將護持此神殿免遭大千世界之危害，祈請贊普為我造像一尊。」說罷便隱身而去。

隨後，贊普一路上又接二連三地遇上馬頭十頸青羅剎王、楞伽古必惹三頭紫黑夜叉王、二首五髻赤面干達婆王。他們分別給贊普獻上金沙和金繩，許諾要護佑神殿不受火、人和非人的侵害，並請求給他們造像。

贊普仰面南天，見手執十二指鐵斛，集天下美女華飾於一身的吉祥天母現身叩禮，請求給她造像並承諾護佑神殿免遭水災之害。贊普回首北望，又見手持紫檀梃杖和寶

劍的持梃護法神現身揖禮並獻上各種資糧，承諾護佑神殿不受鬼女侵擾，並請求贊普為他造像。

贊普回到王宮後派各路信使傳詔：命十六位大臣備好車輦、皮繩、樂器、供品等物，令城中邑民穿戴打扮一新，聽擊鼓為號，悉來王宮殿前舉行遷移安立佛像的慶典。贊普還讓尼妃赤尊設豐盛供奉，備盛大喜筵，並安排人們次日在紅鐵二山之間的卡扎神殿至拉薩神殿的道路兩邊載歌載舞，夾道恭迎遷移十一面大悲觀世音等九尊神像。

這九尊神像平常由大臣和十六位供養女敬獻供品。俟次日凌晨，十六位供養女像往常一樣前來敬獻供品時，一尊神像也不見了，只見地上散落著一朵朵紅、白、藍、綠的花朵。

「神像怎麼會不見了呢？」供養女頓時驚呼了起來，人們聞訊趕來想看個究竟。

這時贊普宮殿裡的一隻巧舌鸚鵡說起話來：「你們這些女子為何驚呼亂叫？」

供養女說：「陛下的神像怎麼連一尊也不見了呢？」

鸚鵡頗為不悅地說：「昨晚半夜時分，我見眾神像相互施禮並撒下一朵朵鮮花後，從天窗魚貫而出，朝東北面的沙洲方向去了。在它們經過的途中，一定會有綻放的鮮

花，如果不信，你們可去看看。」

聽鸚鵡這麼一說，贊普半信半疑地和后妃、大臣以及邑民們一起前去察看。他們果然找到了眾神清晰可辨的足跡上開出的蓮花。在半路上，他們遇見一個啞巴姑娘，她指著拉薩神殿的方向，嗯嗯啊啊地比劃了好一陣子。

贊普君臣來到拉薩幻顯神殿後，尼妃赤尊的坐騎白騾噴著鼻息徑直朝北下殿嗅去。人們走進北下殿一看，只見十一面大悲觀世音居中，右側依次是觀自在菩薩、金剛忿怒佛母、光明佛母和甘露旋明王；左邊依次是羯沙流坡坭、妙音菩薩、度母和馬頭明王。諸神像沒有一個是坐著的，一個個都赤足而立。贊普見此情景不禁感慨道：「諸神像赤足而立，無一就座，乃昭示後世出家人皆應一心向佛，潛心修習，須不顧一己之安逸福樂，要像慈母疼愛稚子一樣，去護佑、利樂貧困、煩惱、苦難的眾生！」

此時此刻，面對如此奇蹟，贊普和后妃、大臣及隨行而來的邑民們都情不自禁地雙手合十，肅然起敬，隨即君臣僕下皆成等正覺。

過了沒幾天，贊普命尼泊爾畫工在神殿的北下殿四壁繪製壁畫。畫工將顏料、畫筆、尺子和調色盤準備好後，放在北下殿的樹形柱下，打算次日動工繪製壁畫。可是第二天一大早，當畫工隨同贊普來作畫時，卻見南面的牆壁

上一幅三頭八臂白空行羯沙流坡坭和救度八難度母的畫像以及降伏一切洲之圖的巨幅壁畫已赫然在目。備好的顏料一點也沒剩下，而且繪畫技法一如尼泊爾風格。贊普連連讚嘆道：「妙哉，妙哉！」

隨後，贊普變幻出許多化身，與尼泊爾畫工一起精心繪製了白馬頭明王、觀世音菩薩和神女、度母的壁畫五千餘幅。在寶瓶柱上還繪製了一則故事，故事講的是在天竺巴瑪布爾瑪城裡，有一位名叫達瓦的王子，他想娶下賤的旃陀羅種姓的一女子為妻。朝中一老臣再三勸告他說邪念乃萬惡之源，可王子還是一意孤行……這則故事寓意凡事要三思而行，事後追悔則如同黃鼠狼或賤女人；做事要善始善終，若心猿意馬，就如同連蠢豬都打不到的獵人。此外，還繪製了諸如「婆羅門女蘇吉尼瑪」和「閻王搖鈴女」等壁畫故事；在上梁的獅首梁端繪製了迎娶赤尊公主時，畫伎在尼王座前輕歌曼舞的情景；在北梁的梁端繪製了夜舞伎的婀娜舞姿；為昭示後世子姪君臣，在橫梁上繪製了經藏圖；為頂敬僧伽應供處，在立柱上繪製了律藏圖及龍王埃拉達畫像；在藻井上繪製了論藏圖；為啟迪後人的智慧，還在北面的護房牆壁上繪製了許多帝俄（謎語）圖。

贊普在閒暇時，經常與臣民們在一起猜謎語，以此啟迪吐蕃人的智慧。其情形舉如，贊普問「亭尼尼巴哇希下

賽」是什麼，臣下怎麼也猜不出來，贊普就把謎底畫在地上，原來說的是「塔」。贊普曾開玩笑出了這樣一個謎面：「紅嘰嘰的光棒棒，黑乎乎的兩片片，進進出出聲聲響。」臣下交頭接耳了好半天，都猜想是男女交媾之事，贊普笑著在地上勾勾畫畫道出謎底原來是「打鐵」。

贊普為了讓治下臣民了知教義，信奉善法，他經常親自到民間現身說法。有一天，他裝成病人到集市上問病於卦師，卦師施之以「神變空行鹿法」為其驅鬼禳病。人們對卦師的本領讚嘆不已。贊普則現身向眾人宣說三惡趣與輪迴之苦要比疾病更為痛苦的道理，可人們不以為然。他便結合教義解說業果，並講述諸如「大力猴巴拉瑪達」等許多故事，這才使大家漸漸對佛法奧義有所領悟並產生了信仰。

贊普為使臣民能直觀地領悟深奧的佛法教義，在神殿裡繪製了許多壁畫故事，諸如「鸚鵡的故事」、「猴的故事」、「鳥的故事」等等。

贊普為了向臣民揭示獲得「三學」果位（原注：所謂三學即佛寶之學、法寶之學、僧寶之學），要比祛病延年更為有益的道理並使「三學」易於修習，他將苯教的一些神變幻術，諸如「鹿說人語」、「鳥翔天空」、「騎士賽馬」等，也納入「三學」的修習之列。還把雍仲苯教的神變幻

術「空行鹿法」刻繪在神殿的樹形柱內側。

　　其實，苯教的祖師興饒穆沃③也是大悲觀世音菩薩的化身。昔人壽二萬歲時，飲光佛部住滅而釋迦牟尼之善法尚未發端。在此期間沒有任何教法，諸有情煩惱痛苦不堪。於是大悲觀世音菩薩垂憫親臨雪域西部象雄地方，化身為興饒穆沃祖師，攜雍仲菩提薩埵弟子徒眾，長久利樂南贍部洲眾生。故苯教也有所謂「頂禮聖者觀世音，化現普渡諸有情」之讚辭。

　　繼世尊釋迦牟尼在天竺示現十二相成道，贊普松贊干布在拉薩幻顯神殿又造十二宏化。贊普的如此聖績，在忿怒穢跡金剛像背後的八塔上刻有文字為證。

　　一日，贊普召見尼妃赤尊說，我一為履行對令尊尼王的承諾，二為雪域眾生有應供之處，三為摒棄一切邪惡、弘揚所有善好之故，建造了拉薩幻顯神殿，並將正殿山門及所有內殿之門都朝南向著尼泊爾而開。

　　贊普隨後按他在察看拉薩幻顯神殿時的神變之所見，命尼妃赤尊在後正殿造立如來不動光佛及其弟子徒眾之像九尊；在後左殿造立彌勒法輪佛及其弟子徒眾之像八尊；在後右殿造立無量光佛及其弟子徒眾之像九尊；在後南殿造立不動金剛佛及其弟子護法大力神、寶瓶財神瞻婆拉等徒眾之像九尊。所有這些佛與菩薩像都要用菩提樹、白旃

檀和蛇心旃檀之木，贍部洲八大聖地之土，尼蓮禪河畔和
天涯海角之沙來塑造，雙目要用珍寶鑲嵌。另外，在正殿
的左右側殿，要造立護法神及財神鳩跋羅之像，在神殿的
南面再建造一座龍王殿。還要在幻顯神殿中布設十二處壇
城，並在每個壇城上造立一尊佛與菩薩像，以示拉薩的四
面八方依此劃分為十二小洲。東為瞻婆拉，南為彌勒佛，
西為遷叉姆，北為四大天王，東北為金剛手與文殊菩薩，
東南為怙主觀世音與不動如來佛，西南為空行菩薩與聖水
王，西北為無量壽與多聞子。這樣一來，在雪域吐蕃之
地，凡不為如來所調伏、不崇信善法、不入三學的愚頑不
化之徒，都將受到佛法與王法的調伏與懲治，從而使治下
臣民遍沐善法甘霖。

　　贊普松贊干布還就埋藏伏藏之事及其功德如何，告訴
尼妃赤尊說：「為使善法在我雪域吐蕃昌興，可在樹形柱
下埋藏佛法伏藏，藉此功德，我後嗣王統及雪域眾生將世
代弘揚佛法不渝；為使我治下善男信女的子孫後代免遭侵
害，可在蛇形柱下埋藏威猛咒力伏藏，藉此加持，但凡信
解嚮往聖地拉薩的人們都將得到護佑；為了回遮邊邦鄰國
的惡咒禍害，可在獅形柱下埋藏回遮惡咒伏藏，藉此福
力，但凡景仰聖地的人們均可免遭不測。若在樹形柱附近
埋藏醫方明伏藏，藉此功德，可免除瘟疫疾病之苦；若在

寶瓶柱附近埋藏珍寶伏藏，藉此功德，可使吐蕃之地物阜民豐，風調雨順，物華俱盛；若在拉薩神殿的各壇城之下埋藏奇珍異寶伏藏，藉此功德，可使廟宇常新，香火不斷，一旦雪域崇佛之勢衰敗，便有超凡聖者再度昌弘佛法如昔；若在蟾蜍腹中塞上一塊蛇皮包裹的德夏帝瓦放入貓睛石寶匣裡，把它藏在龍王薄伽梵像的拇指中，藉此功德，可平息龍妖地祇之患，使雪域之地人丁興旺；若在一小銅箱內置一盛滿珍饈佳餚的藍寶石鉢盂，將此伏藏埋藏在遷叉姆像之下，藉此功德，四面八方的善男信女，將會川流不息地前來聖地拉薩朝觀並享受無盡的受用；若在拉薩神殿的所有柱子下都埋上我佛如來的舍利伏藏，藉此功德，可阻止異教邪說在雪域吐蕃發端繁衍。

「此外，若在夭如昌珠寺埋藏龍神伏藏，在洛札空塘寺埋藏雍仲苯布伏藏，藉此功德，後世俗人將受益無窮；若在隆塘度母寺埋藏曆算伏藏，在工布布楚寺埋藏心咒伏藏，在後藏仲巴江寺埋藏解義參禪伏藏，藉此功德，後藏之地將會高僧大德輩出；若在大威德寺埋藏歷代王室遺物伏藏，藉此功德，可使我吐蕃王統延續不斷；若能埋藏妙計良策之伏藏，則多多益善，藉此功德，可使雪域吐蕃之地敵寇無犯，人畜興旺，佛法昌盛，有德輩出，鄰里和睦，僧徒禮讓，咒語靈驗，萬事勝意，風調雨順，五穀豐

登，棄一切惡壞，揚一切善好。善於四面八方，但凡妙好之處，都應神不知鬼不覺地埋藏各種附魂之物及金銀珠寶、穀物兵器等各種伏藏。還應在每一尊塑像中都放入一只裝有十三粒如來舍利子的小銀匣……」

贊普松贊干布在尼妃赤尊填湖建寺屢屢遭毀期間，為鎮壓羅剎女四肢關節，在四如的四面八方以其變幻神通修建了昌珠寺、空塘寺、崩塘寺、沖仲巴寺、大威德寺、烏如噶采寺、札登則寺、隆塘度母寺、工布布楚寺、倉巴朗倫寺、卓蓋札寺等一十二寺。隨後，贊普陛下這才幻化出數千化身工匠，七天七夜之間便將拉薩幻顯神殿（下殿）建成，尼妃赤尊也終於夢想成真。

贊普松贊干布協助尼妃赤尊建造拉薩幻顯神殿下殿之第十四章竟。

注釋

①鎮肢寺廟：松贊干布時依堪輿之說在衛藏四如修建了四座鎮壓羅剎女四肢的佛寺，稱之為鎮肢寺廟。即：在烏如修建了噶采寺，以鎮羅剎女的右肩（寺址在今墨竹工卡縣噶采地方）；在天如修建了昌珠寺，以鎮羅剎女的左肩（寺址在今山南乃東縣昌珠地方）；在也如修建了藏章寺，以鎮羅剎女的右髖（寺址在今後藏日喀則地區）；在運如修建了仲巴江寺，以鎮羅剎女的左髖（寺址在今後藏

拉孜縣境）。

②鎮節寺廟：繼四如「鎮肢寺廟」（見上條）建成之後，松贊干布又修建了四座鎮壓羅剎女左右肘和左右膝等關節部位的佛寺四座，分別為：貢布博切寺、洛札空塘寺、江察希昂欽寺和門域奔塘吉曲寺。隨後又建鎮壓左右掌、左右足及陰部的寺廟五座，分別為：隆塘度母寺、博爾切噶札寺、札登則寺、絳巴鎮寺和倉巴朗倫寺。

③苯教祖師興繞穆沃：佛、苯史籍均稱其為吐蕃原始宗教——苯教創始人。相傳與釋迦牟尼同時代，生於古代象雄（即漢史稱羊同屬地），今西藏阿里札達縣境沃莫隆仁地方。

第十五章 贊普善業圓滿

拉薩幻顯神殿緣其當初是用一千隻山羊從烏如澎域多麥，一個叫滕博古巴的地方馱來土石修建的，所以從那時起，人們也叫它「羊土神變寺」。

——題記一

贊普的眾后妃也都一一先後興建了自己的寺廟。漢妃文成公主在她初到拉薩時駐紮過的地方，沿當時用布帛圍圈的輪廓砌起院牆，用五百隨行從漢地抬來的四根樹幹做立柱修建了惹冒切寺，該寺的大殿山門朝東而開。文成公主從漢地帶來的釋迦牟尼十二歲等身像，安立在神樂與龍喜二位大力士塑像抬著的寶座之上。這尊金像原來是向西面朝贊普王宮安立的，惹冒切寺建成後便面朝東方而安立。

——題記二

贊普與眾后妃所行善業無算，從而使得雪域吐蕃眾生皆一心向佛。所有這一切，功德無量，妙不可言也。

——題記三

　　唵嘛呢叭咪吽。

　　拉薩幻顯神殿落成時，贊普松贊干布年方三十四，尼妮赤尊公主和漢妃文成公主與贊普同齡。

　　松贊干布為了讓一切善好昌行雪域而深謀遠慮，勵精圖治。他深知若不遏止摒除一切惡行，那麼任何善好便無從做起。故而他為了懲治歹徒，杜絕惡行，並為了防止日後亂世之時惡人橫行，神祕莫測地埋藏了無以數計的凶猛而又高妙、靈驗而又快捷的伏藏。

　　贊普對如何製作伏藏，如何選址埋藏，如何尋找掘藏，掘藏後如何使用等都有詳細的交代和囑咐。這些在贊普的遺訓中有詳盡記述。因慮及如果時機尚不成熟，伏藏便被貿然掘出，抑或落入居心叵測的歹徒之手，必將禍國殃民以致後患無窮。故我等阿底峽尊者主僕於此從略不表。

　　贊普遺訓中還記述到：為使雪域眾生免遭龍妖地祇作祟帶來的痲瘋病之害，命在拉薩幻顯神殿殿前造立鎮伏龍

妖塔；為免遭夜叉作祟帶來的瘟病之害，命造立忿怒吉祥
天母塔；為防止羅剎九城之主斯巴寅戈侵占禍害吐蕃之
地，命造立與之相應的鎮妖塔並加以祭祀。只有這樣，方
可保善業有成，濟利蒼生。

是年，贊普松贊干布一來為了安邊固防，二來為了以
自己的神變之力使漢唐百姓敦睦安樂，並普渡彼等盡皆往
趨極樂世界，他命內臣那闡布留守本土代為攝政，自己親
率眾臣攜精良物品揮師東進漢唐。

隨軍出征的大臣有大譯師屯米桑布札和大臣噶爾東贊
玉桑以及法臣年華德祥、芒墀覺日朗贊、瓊波玉桑則、覺
如達嘉芒布杰桑勒、覺如堅、欽芒傑芒洛、涅華貝厄覺、
博姜央讓、覺如堅雅貢薩、智賽日崗敦、涅赤薩央敦、貝
贊桑巴列、努尼東銳奏隆、蘭代墀桑洛贊等十六大臣。

松贊干布率兵輾轉進抵五峰山（譯注：地望未詳）
後，應漢唐皇帝之請，以其幻變神通建造了一百零八座寺
廟，且座座寺廟的山門都依照對皇上的承諾向東朝著京都
而開。寺廟中的所有佛像、佛經和佛塔亦隨之自然出現。
法王松贊干布在五峰山駐留期間，廣為講經說法，轉動弘
揚善法之法輪，消除了漢人中邪惡之徒的孽障，使漢地呈
現出將如期獲得佛與菩薩正果的諸多吉兆。

在贊普出征漢地期間，尼妃赤尊從尼泊爾延請了一千

名父姓工匠，仿照下殿的建築規模、構造及式樣建成了拉薩幻顯神殿上殿。

尼妃赤尊按照贊普陛下當初視察下殿時的幻變之所見和授意，造立了密宗事部三怙主、男女夜叉等諸佛與眾神鬼的塑像及龍王神殿，雕塑了贊普及諸后妃的塑像。在北面護房的四壁繪製了許多神話、故事和謎語的壁畫，並把這些內容用文字書寫了下來。在門楣上彩繪了七佛畫像，另在上殿還繪製了許多度母等佛母天女像。尼妃赤尊還遵照贊普的授意，神祕莫測地埋下了許多伏藏。

尼妃所建上殿是由一千名尼泊爾工匠仿照下殿耗時十三年才建成的，而下殿只用了七天七夜時間便由贊普的化身工匠建成。由此可見，神變化身工匠與普通工匠之間的差別竟如此之大。

松贊干布在漢地共建造了一百零八座寺廟，因其中最後一座寺廟和贊普的本尊像是在「熱崗」地方落成並安立的，故所有這些寺廟都被稱之為「熱崗廟」。贊普陛下應漢唐皇帝之請，如數建成一百零八座寺廟後便率眾西歸故土。

贊普回到拉薩後，得知王子貢松貢贊已不幸夭亡，芒松芒贊降生。尼妃赤尊修建的上殿剛剛落成，其形狀遠遠看去，宛如一個倒扣著的巨大斗升。

　　贊普與十六大臣一到拉薩，風塵未洗就匆匆前去觀瞻尼妃修建的上殿。內臣那闡布拿著五彩織錦墊走在前頭，他剛跨進大殿門檻，見殿內雕梁畫棟，四壁生輝，可地平上怎麼會一片銀光閃亮呢？他心中一怔，心想這大殿原本是建在臥塘湖上的，莫非滲水了不是？遂脫口驚呼道：「大殿滲水了！」贊普聞聲止步，心裡正嘀咕之際，尼妃笑聲琅琅地解釋道：「這地平的磚縫是用金銀戒指和各種寶石鑲嵌而成的。」贊普這才放下心來。步入大殿後贊普站在一偌大的壇城上，他環顧這座普通工匠修建的上殿，大喜並稱讚道：「可與我神工鬼斧之作相媲美呵！」拉薩幻顯神殿緣其當初是用一千隻山羊從烏如澎域多麥，一個叫滕博古巴的地方馱來土石修建的，所以從那時起，人們也叫它「羊土神變寺」。

　　如上所述，法王松贊干布聖蹟卓著，至此大功圓滿告竟。

　　贊普的眾后妃也都一一先後興建了自己的寺廟。漢妃文成公主在她初到拉薩時駐紮過的地方，沿當時用布帛圍圈的輪廓砌起院牆，用五百隨行從漢地抬來的四根樹幹做立柱修建了惹冒切寺，該寺的大殿山門朝東而開。文成公主從漢地帶來的釋迦牟尼十二歲等身像，安立在神樂與龍喜二位大力士塑像抬著的寶座之上。這尊金像原來是向西

面朝贊普王宮安立的，惹冒切寺建成後便面朝東方而安立。

珀崗蒙妃赤尊修建了木質結構並使用了金銀銅鐵等材料的卡扎寺；象雄妃赤尊修建了土木結構並使用了金銀等材料的也巴滕博古巴寺；木雅妃赤尊在藥王山鑿岩建寺，她許諾工匠每鑿一斗石犒賞一升鹽，終於建成貢布更德霞岩洞寺；里域董妃赤尊修建了土木石結構並飾以彩繪的棋苑寺。

贊普與眾后妃所行善業無算，從而使得雪域吐蕃眾生皆一心向佛。所有這一切，功德無量，妙不可言也。

松贊干布大慈大悲善業圓滿，眾后妃盡心盡力廟宇落成之第十五章竟。

第十六章　贊普遺訓與聖地志

　　漢妃文成對大臣那闍布還交代說：「我的釋迦牟尼十二歲等身金像須挪個地方安立。」

——題記一

　　「與此同時，請把釋迦牟尼八歲等身像（從拉薩幻顯神殿）遷移安立到惹冒切寺。這樣一來，久而久之，漢人們就會對釋迦牟尼十二歲等身金像，有如高懸虛空的明月，想得到也得不到了。」

——題記二

　　贊普說：「哪怕吝嗇的沼澤布滿草原，不能沒有施捨的乾糧；哪怕妒忌的狂風席捲大地，不能沒有戒律的莊嚴；哪怕五毒的盜匪肆無忌憚，不能沒有克忍的鎧甲；哪怕懶惰的羈絆束縛手足，不能沒有勤奮的駿馬；哪怕驕縱的敵人兵臨城下，不能沒有禪定的城堡；哪怕愚昧的黑暗籠罩四野，不能沒有智慧的雙眼。只有這樣，才能與大悲觀世音菩薩相伴相隨到永遠。」

——題記三

　　就在這一道道五光十色的光芒交相輝映中，拉薩幻顯神殿得到了加持開光，雪域吐蕃之地也由此獲得了圓滿的功德和吉祥。

——題記四

　　至於說尼妃赤尊和漢妃文成二位公主，之所以要嫁給吐蕃贊普松贊干布的緣由是：當初大悲觀世音的化身松贊干布在普陀山時，他曾為普渡眾生到極樂世界而努力再三，然而所渡之者寥寥無幾，遂心生悲憫，潸然淚下。白綠二度母正是大悲觀世音的兩滴淚珠變成的⋯⋯由於很久以前大悲觀世音（譯注：淨飯王也是其化身）與世尊釋迦牟尼有父子關係，故釋迦牟尼的兩尊等身像被迎請到吐蕃之後，父與子又有緣在一起共同利樂吐蕃眾生。

——題記五

唵嘛呢叭咪吽。

陰木牛年孟春十五日，贊普松贊干布為拉薩幻顯神殿舉行盛大開光慶典，命內外十六大臣四位宰牲、四位司酒、四位掌廚、四位禮賓，內臣那闡布伺服身邊。尼妃赤尊、漢妃文成及蒙妃赤姜（譯注：赤姜意指夫人、太太，赤尊意指后妃。）攜行前來參加慶典，並向贊普敬獻了金品贄見禮。贊普示意將禮品供奉給天成本尊神像。

松贊干布在三位后妃的陪同下來到北殿。贊普面對大悲觀世音像居中而立，漢妃文成與尼妃赤尊擁立左右，蒙妃赤姜站在贊普的身後，內臣那闡布則手扶門框，頭頂門楣，腳踏門檻守在北殿門口。

這時，尼妃赤尊對蒙妃囑咐說：「蒙妃殿下，要是以後有懷念我的臣民想拜見我，就讓他們謁拜顰眉度母好了。」

漢妃文成也叮囑蒙妃道：「蒙妃殿下，要是往後有思念我的臣民想拜見我，就讓他們謁拜綠度母便是了。」

269

　　漢妃文成對大臣那闡布還交代說：「我的釋迦牟尼十二歲等身金像須挪個地方安立。遷移此像時，拉車的人每人頭上都要插一根雞翎，還要一個屬雞的少女走在前面引駕。起駕後應先朝北，再向西，然後南下。南下時讓那引駕的女子獨自徑直往西走，其他人拉著佛像到魯普洞稍事停留後，再涉過齊膝深的小河，由南門進入拉薩幻顯神殿，把金像藏在神殿的一間護房中，然後在護房的門上畫上文殊菩薩像。到適當的時候，自有膽識超群之士會把它發掘出來的。與此同時，請把釋迦牟尼八歲等身像（從拉薩幻顯神殿）遷移安立到惹冒切寺。這樣一來，久而久之，漢人們就會對釋迦牟尼十二歲等身金像，有如高懸虛空的明月，想得到也得不到了。」

　　贊普這時也回過頭對那闡布說：「我吐蕃治下臣民若問『怎麼不見主君？』你就讓他們頂禮我的十一面大悲觀世音本尊像吧！」

　　接著，贊普口授「預言階梯」道：

　　　　　　於此雪域卡瓦堅，

　　　　　　自我訖止第五代，

　　　　　　護法之王將出現（赤松德贊）。

　　　　　　是時天竺諸聖賢，

　　　　　　比馬米扎無垢友，

紛紛駕臨我中土，

彼等畢力弘善法，

眾生盡皆入佛國。

嗣後再過兩代半，

旁生謂者稱君王，

善法遭毀漸衰喪，

旁生當朝之惡世，

生靈塗炭遭禍殃。

漫漫五代百餘年，

沉沉陰霾蔽蒼天，

善法妙音杳杳然，

星轉斗移幾多時，

佛法星火復燃起，

雪域又見袈裟衣，

天成重現身語意。

冬去春來五百載，

君主名謂「光」者立①。

良臣名綴「闍」者與，

譯師二三建功績②。

我之化身燃燈智，

挑亮殘燈放光明，

即便於那末法期③，

亦使善法復興起，

信徒日增遍雪域。

隨後，贊普囑咐內臣那闡布說：「我把《月燈經》、
《寶雲經》、《諸佛菩薩經》、《涅槃經》和《業別經》這

第三十八代藏王
——赤松德贊

五部經籍交與你，拜託愛卿務必轉呈護法王赤松德贊。」
接著贊普松贊干布又向吐蕃臣民授記如下：

吐蕃冰雪方域，

諸佛無不讚譽，

預言在此勝境，

菩薩紛紛降臨。

迄今五代之後，

菩薩贊普登基④，

後嗣大智大勇，

更是聖明君主，

一統邊邦藩屬，

四方皆納貢賦。

迎請高僧大德，

入蕃弘傳善法，

廣建廟宇佛殿，

輯譯祕庫經典，

剃度出家僧徒，

組建佛門僧團，

眾多密乘咒師，

證得共通悉地。

如是護法君主，

廣遍利樂臣民，

贊普功德圓滿，

黎民福樂無邊。

此君王子有三，

其一繼位贊普⑤，

堪稱菩薩人主，

崇信佛與菩薩，

廣為弘揚善法。

同胞兄弟三人，

其二仁慈悲憫，

另一凶惡殘忍⑥，

伺機篡位執政，

從此佛法遭劫，

黑品邪教昌興，

屬民福樂殆盡。

時有「虎耳」大臣⑦，

糾集屬鬼九人，

侵害吐蕃黎民，

魔臣好景不常，

被一咒師所弒。

屬鬼魔臣喪命，

亂了魔界鬼魅，

一時黑品魔軍，

皆助魔王逞凶，

可憐同胞弟兄，

一遭殺身命殞，

一被逐出家門。

黑品橫行霸道，

善法禍殃頻仍，

蘭若廟宇遭毀，

僧眾相殘殺生。

行善竟遭貶責，

作惡反得褒獎，

寺院變成鹿苑，

神殿當了畜圈，

上師罰作苦力，

僧侶被迫狩獵，

善法瀕臨滅絕，

黑品沸反盈天。

魔王作惡多端，

遇刺命歸黃泉，

王子爭奪王位，

「烏天」戰亂⑧迭現，

平民暴動造反，

世道濁惡昏暗。

瑞氣納入大地，

藥物失卻效力，

五味全無滋味，

275

牲畜瘦弱不支。

滿山怪石嶙峋，

遍野荊棘叢生，

星辰出沒無常，

雨雪不知冬春，

農耕頻遭天災，

黎民貧病交困。

鬼魅甚囂塵上，

邪教五花八門，

屬鬼兄弟九人，

禍患吐蕃眾生，

牲畜瘦弱退化，

五穀百草無華。

廝殺彼伏此起，

仇怨鋪天蓋地，

首飾打造兵刃，

處處刀光劍影。

盜匪結夥成群，

四處劫財害命，

如此無法無天，

黎民苦不堪言。

此後再過數代，
忽有菩薩出現，
佛法星火復燃，
又見佛門弟子，
守持戒律修善，
各地修葺寺院，
四處香火裊然。
無奈黑品妖孽，
化身出家僧人，
挑起僧徒爭端，
使之彼此攻訐，
以致兵刃相殘。
哄搶供品聖像，
洗劫寺廟財產，
佛門又遭劫難。
彼時黑品猖獗，
眾生良知泯滅，
人們為所欲為，
人鬼難辨難分。
盜匪結夥成群，
歹徒肆虐橫行，

大地滿目瘡痍，

三寶屢遭厄運。

正當黑暗之世，

西方聖僧降生，

其貌頗似飛禽，

故稱「鳥頭聖人」，

其人睿智悲憫，

崇奉觀音本尊，

名曰「仁欽桑布」⑨。

彼時名「光」之君，

大度大智大勇，

延請禮聘高僧，

其人貴冑種姓，

精通三學三律，

學貫大小五明，

弘法建樹奇勳。

從其受戒弟子，

二千五百餘眾，

其中大師輩出，

燦若夜空啟明，

宣說論律義理，

弘法遐邇聞名。

彼時善品衰微，

黑品依然隆盛，

魔力加持之徒，

聚眾四處橫行。

施展魔法騙術，

妖言蠱惑人心，

諸種因法雜陳，

各派邪說鴉鳴。

釋教正法淆亂，

良知變成邪慧，

執「無」即為「空」見，

詆毀世俗之諦，

誹謗身口苦修，

自稱其教「神示」，

「無宗無派無為，

無因無緣天成」。

諸如此類邪教，

形色五花八門，

身穿羊裘狗皮，

裝束猥陋怪異，

手執棍杖化緣，

喬裝僧侶行乞，

不辭勞累奔波，

只為吃飯穿衣。

張揚自誇其能，

吟唱密乘咒語，

法事手舞足蹈，

禪修裝模作樣，

證悟空無之見。

癲狂受人崇拜，

莽漢尊為聖賢，

妄語當作箴言，

愚人「二執」能斷，

歹徒奉為上師，

「無記」妄稱法身，

說法欺世盜名。

黑品妖魔鬼怪，

被人奉為神靈，

魔力加持之徒，

被人譽為智尊，

自稱勝義教誡，

實則異端邪說。
彼時婦道敗壞，
粗鄙傷風敗俗，
放蕩不知廉恥，
紛紛自墜惡趣。
不悟因果諦義，
不具風息心根，
妄加智慧灌頂，
彼其卑鄙行徑，
一如娼婦賣淫。
假託灌頂名義，
淫亂他人妻女，
此類邪惡之輩，
壞戒多行不義，
紛紛自墜地獄。
鬼迷心竅之徒，
假充聞思修行，
實則貪求利養，
紛紛往趨惡趣。
犯戒瀆誓之徒，
違背儀軌行事，

假冒上師造孽，
亦皆自墜惡趣。
有的戒臘長者，
身披袈裟作祟；
有的為求利養，
詐現有德欺佛，
有的道貌岸然，
侵占僧尼財產；
有的自稱尊者，
成天爛醉如泥；
有的身著法衣，
一心牟取暴利。
如許無恥敗類，
假藉佛法名義，
多行不義自斃，
盡皆自墮惡趣。
邪說五花八門，
異端形形色色，
佛門頻遭厄運，
善法漸次衰微。
邪惡不能恆常，

善法不可戰勝，

獲得人身之眾，

須當勤奮精進。

皈依佛門至尊，

須當言聽計從，

人生短暫無常，

須當有所作為。

「有為」一切皆空，

須當繫念心中。

十二緣起輪轉，

須當積德行善。

痛苦來自作惡，

須當摒棄造孽。

俗諦因果相屬，

須當持律守戒。

厭離輪迴煩惱，

須當破惑靜慮。

為了饒益身心，

須當善自為之。

思慮六道輪迴，

須當厭離其苦。

有情皆為母親，
須當仁愛悲憫。
守持菩薩梵行，
領悟無我空性。
修證二諦雙運，
入進無上菩提。
僧人失戒造孽，
當屬咎由自取，
不可一葉障目，
詆毀我佛須彌。
摒除外道言行，
須當好生修身。
事佛不可妄語，
須當證悟二諦。
切莫崇尚空談，
須當苦行修煉。
不可增損他人，
須當好自為之。
善法一切教義，
無有三六九等，
概當修而習之，

如此身體力行，

可獲吉祥圓滿。

時有菩薩化身，

供奉觀音本尊，

長達二百餘年。

佛法明炬大師，

倍受僧眾虔敬，

精通佛法心要，

住持闡揚密乘，

功德圓滿無量，

如斯佛門高僧，

賢達無不供奉。

復次更有勝者，

降生東方之地，

了知顯密要義，

堪稱瑜伽師尊，

諸多勝上僧眾，

奉之有若神明，

雪域吐蕃屬民，

須當信奉彼等。

是時尊者輩出，

弟子徒眾善住，

經籍失而復得，

供奉所依安立。

於此雪域勝境，

密宗勝樂本尊，

住於雜日聖山⑩，

此山功德殊勝；

眾多應供羅漢，

住於岡底斯山，

此山甘露泉湧；

吉瑞峭壁之上，

真言字句天成；

神山「空行手印」，

功德奇異殊勝；

菩提願行龍王，

住於瑪旁雍措⑪，

聖湖碧波蕩漾；

菩提願行龍臣，

住於青海湖中⑫，

神水饒益萬物；

菩提願行眾神，

住於納木措湖⑬；
念青唐古拉山⑭，
住有眾多應供；
哈號冰峰雪嶺，
住有無數羅漢；
勒措聖湖之中，
住有龍王神祇。
雪域吐蕃勝境，
山青水秀地靈，
雪峰綿延千里，
人語善合妙音，
疆域廣袤勝樂，
物產富饒豐盛。
雪域吐蕃眾生，
緣於前世願淨
方得生息此境，
必當勤奮精進，
更要信仰堅定，
敬信勿生二心，
唯應勝解虔敬，
大悲觀音本尊。

世尊佛陀曾說：

但凡善男信女，

若能虔心事佛，

眾等皆可獲得，

不退轉之果位。

如上所述授記，

不為利養功名，

諄諄肺腑之言，

務須領受敬信！

贊普授記完畢之後，用右手撫摸了一下尼妃赤尊的頭頂，瞬時間尼妃化作一朵潔白的八瓣瑞蓮，花蕊中顯現出象徵白度母化身的白「多羅」（梵文譯音）字樣；贊普又用左手撫摸了一下漢妃文成的頭頂，頃刻間漢妃化作一朵嫩綠的十六瓣瑞蓮，花蕊中也顯現出象徵綠度母化身的綠「多羅」字樣。

這時，贊普抬頭仰望十一面大悲觀世音本尊像片刻，隨即與白綠兩朵瑞蓮一起化作一團光亮，就像酥油滲入沙礫、雪花飄落燙石般納入大悲觀世音像的胸際。是時正值陰木牛年（乙丑）孟春十五日，贊普松贊干布享年八十五歲。

內臣那闡布和蒙妃赤姜見此情景，大驚失色地忙喊

道：「陛下啊，你們要是就這樣去了，往後我等臣民可如何是好？」

贊普聞言從觀世音像的胸口探出頭來說：「『非』則不能『是』，『無常』豈能『常』。要知道有生就有死，有聚必有散；生命消逝似流水，人生苦短如夢幻。」

尼妃赤尊從觀世音像的右乳方探出頭來說道：「人生無常，生死由命；要知道人生一世，好比草木一秋。」

漢妃文成也從觀世音像的左乳方探出頭來說道：「人之將死，氣數已定。金銀財寶無濟於事，親朋好友愛莫能助，自身更無回天之力。要知道人生如幻，猶如曇花一現。」

那闍布悲嘆道：「爾等仙逝而去，臣民該當如何？」

贊普說：「哪怕吝嗇的沼澤布滿草原，不能沒有施捨的乾糧；哪怕妒忌的狂風席捲大地，不能沒有戒律的莊嚴；哪怕五毒的盜匪肆無忌憚，不能沒有克忍的鎧甲；哪怕懶惰的羈絆束縛手足，不能沒有勤奮的駿馬；哪怕驕縱的敵人兵臨城下，不能沒有禪定的城堡；哪怕愚昧的黑暗籠罩四野，不能沒有智慧的雙眼。只有這樣，才能與大悲觀世音菩薩相伴相隨到永遠。」

這時蒙妃赤姜祈請漢尼二妃賜教，尼妃赤尊對她說：「一旦太陽升起，黑暗就被驅散；一旦受佛加持，五毒就

被袪除；一旦心中證悟，愚昧就被趕走；一旦被佛感召，俗世怎能留住。你若認同自身非實有，就時時向大悲觀世音祈禱。」說完又隱身不見了。

漢妃文成接著說：「觀世音之慈悲非實有，惡趣之痛苦非實有，眾生之宿業非實有。若能證得二障清淨，二智圓滿，便可了知這世間的一切表象盡皆虛幻而非實有。若認同自身亦非實有，就請你時時向大悲觀世音禱祝。」她說完便隱身而去。

蒙妃赤姜悲嘆道：「贊普陛下呵，我們的王子雖神奇聰慧，可年歲尚幼，你們三人就這樣仙逝而去，不再護佑吐蕃眾生，如此於事何益？」

這時贊普從大悲觀世音本尊像的上半身發出聲音說道：「勿執心念於內，莫棄現分於外，心性現分無我，二者皆非實有，內心外境幻顯，唯應識別法性。生死有寂無別，你我今生與來世，相伴相隨不分離。」

尼妃赤尊從大悲觀世音本尊像的右乳方發出聲道：「莫執你於內，莫斥我於外，也別繫念陛下，你我與他無分別。你在我心中，你應心法無別，三時（過去、現在、未來）同一平等而安住。若知內空外壞皆非實有，即為法身。」

漢妃文成從大悲觀世音本尊像的左乳方發出聲道：

「莫執心法於內，莫斥六識（眼、耳、鼻、舌、身、意）於外。離捨破立為法身，明空無執為報身，無諸遮止為化身，三身自性相同。毋庸思修，視若無我，自然處之即可矣。」

此時此刻，蒙妃赤姜方得領悟生死無常，法性遍及一切之真諦。

賡即，十一面大悲觀世音像自胸際放射出月光般皎潔的光芒，幻顯神殿的裡裡外外頓時被照耀得銀光閃亮。與此同時，白馬頭明王像放射出海螺般白晃晃的光芒，度母壁畫像自胸際放射出綠寶石般綠瑩瑩的光芒，天成藥師壁畫像自胸際放射出藍琉璃般藍晶晶的光芒，彌勒法輪像自胸際放射出藏紅花般黃澄澄的光芒，無量光佛像自胸際放射出珊瑚般紅豔豔的光芒，不動如來佛像自胸際放射出黃金般金燦燦的光芒，穢跡金剛佛像自胸際放射出鐵網般陰森森的光芒。就在這一道道五光十色的光芒交相輝映中，拉薩幻顯神殿得到了加持開光，雪域吐蕃之地也由此獲得了圓滿的功德和吉祥。

當十六大臣與前來參加開光慶典的人們，抬著美酒佳餚來到拉薩幻顯神殿時，他們不見贊普和后妃的人影，只見殿內壇城的織錦墊上放著贊普的頭巾和黑色披風。

大臣智賽日崗敦質問那闍布道：「贊普陛下安在？」

　　內臣那闡布心想，贊普與后妃三人的仙逝非同尋常，這陣子自己無論怎麼解釋也不會有人相信，只好緘口不言。

　　大臣們再三追問，他仍默不作聲。脾氣暴躁的大臣衛吉達那讓茂一氣之下，拔出佩劍欲問罪於他。其他大臣忙上前勸阻道：「既然不見贊普，其中必有蹊蹺，況且王子貢松貢贊⑮已早逝，王孫芒松⑯尚年幼，若此時治罪那闡布，有害而無益啊！」

　　那闡布轉而又想，既然有蒙妃赤姜可以作證，何不現在就向大家說個明白呢？於是他就將贊普的遺囑授記所云以及贊普和二后妃一起納入天成本尊像的情形，一五一十地敘說了一番。

　　大臣們問：「既然如此，何以為證？」

　　那闡布說贊普留下的御著披風、尼妃和漢妃進獻的贊見禮以及諸佛與眾菩薩像放射出的奇異光芒可以為證，還有蒙妃赤姜可以作證。大臣們這才相信了他所說的話。

　　這時大譯師屯米桑布札站出來說：「內臣那闡布所言當是，贊普陛下乃大悲觀世音的化身，尼妃赤尊與漢妃文成是白綠二度母的化身，而其他四位吐蕃女子后妃也都是供養天女的化身。」

　　大臣智賽日崗敦面帶慍色地質問屯米道：「閣下如此

292

說來，何以見得呢？」

「崗敦大人息怒，其中自有原委，且聽我慢慢道來。」屯米接著講述了這樣一段故事：

「當初修建昌珠寺時，贊普意欲按照尼泊爾寺廟的式樣建造昌珠寺，而且要吐蕃出家人也像尼泊爾僧人那樣『削髮赤足，身著褐色袈裟。』贊普還立下一條規定：『但凡出家人，皆應禮遇之』。當然自己也不例外。

「昌珠寺建造之初，總遭到一五頭龍妖的毀壞。當時有兩位名叫南哲和姜哲的策米苯布教徒，他們有兩個神通廣大的兒子，一個叫阿雅苯布覺湊，另一個叫阿雅苯布煞湊。有一天，當五頭龍妖又出來興妖作怪時，兄弟二人在眾目睽睽之下，搖身一變，變成兩隻長著利刃般翅膀的鷂鷹，一聲嘯鳴，直撲五頭龍妖，剎那間便將龍妖的五個頭一齊斬了下來。龍妖被殺死後，濁血染紅了歐措湖，龍妖臨死時發出陣陣雷鳴般的吼叫聲，昌珠（意為鷂龍）寺由此而得名。

「此後，策米苯布的父子四人為了消除殺死五頭龍妖的孽障，以其變化神通將那污血蕩漾的血湖填平了。贊普松贊干布在填平的湖上造立了一座五頂寶塔，並在塔中安放了五種珍寶天然形成的五佛與五佛母十尊佛像，還安放了三種珍寶天然形成的密宗事部三怙主的造像以及祖上留

傳下來的玄祕神物『年寶桑巴』等物。贊普和策米苯布父子四人一起為這座寶塔開了光。此塔一經開光，即刻放射出五彩的祥光（喻五佛）和三色的光芒（喻三怙主），照遍衛藏四如的碧空。此後，昌珠寺才得以落成。其他鎮伏羅剎女的鎮肢、鎮節寺廟和拉薩幻顯神殿以及惹冒切寺等方得以順利修建。

「贊普陛下在昌珠寺駐錫期間，有一天，他在五頂寶塔旁，遇見了一位出家人模樣但又像乞丐般滿身抓蝨子的人。不管怎麼說，既然有『但凡出家人，皆應禮遇之』的規矩，就應當按規矩辦事。贊普率眾臣向這位出家人施禮過後問他道：『尊者，我作為一國之君，向你這樣沒一點出家人樣子的人頂禮，你不感到受寵若驚嗎？』

「這位尊者順手一把舉起五頂寶塔並在空中晃了幾下後反問道：『且看我的本領如何？只要是出家人，不管他有沒有出家人的樣子，無論是神還是人，都應對他以禮相待。除了你們君臣四人，我還從來沒見過能與我一見高下者！』

「贊普面對此舉，不免有些吃驚，他解開頭上纏的紅綾帶，向這位尊者炫示自己頭頂上的阿彌陀佛像並問道：『對我這殊勝無比之處，你不感到驚奇嗎？』

「尊者說：『陛下能集上師、本尊、薄伽梵於一體並

時常參禪悟道，實在令人驚奇。我唯獨沒有你頭頂上的本尊像，故自嘆莫如。不過請看看我的胸膛裡面，我也會讓你們為之驚嘆的！』他說著從腰際抽出腰刀，一刀剖開了自己的胸膛。當時我和贊普陛下、大臣那闐布、噶爾東贊都親眼看見這位尊者的胸間安放著四十二尊佛像。

「隨後贊普又變化成十一面千手千眼佛，並在每隻手的手心都變化出一尊賢劫之佛。尊者讚嘆道：『十一面佛疊落之首猶如寶幢一般，奇哉！妙哉！』」

屯米接著又講道：

「曾幾何時，里域（譯注：即和闐、于闐一帶）有兩位沙彌，他倆供奉參修文殊菩薩長達十二年之久未果，遂心生抱怨大悲觀世音之念。文殊菩薩得知此事後親自對他倆說：『我與二位似無緣分，可你倆與大悲觀世音應有緣分。如今大悲觀世音化身為贊普松贊干布住於雪域吐蕃之地，二位不妨前去拜見拜見。』

「這兩位沙彌雖不知吐蕃之地在何方，但還是憑著對大悲觀世音的信解之念終於來到了吐蕃。他倆走到堆龍⑰山口時，看見這裡屍骨橫陳，血流成河。聽人說這都是被吐蕃贊普處死的罪犯。面對眼前的慘狀，他倆心想，吐蕃贊普哪裡是什麼大悲觀世音的化身，簡直是嗜血成性的暴君！

「這兩位沙彌經打聽，得知贊普在拉薩，只好硬著頭皮去參見。當他倆穿過當巴灘時，又見這裡遍地都是割了頭的、剜了目的、砍了手的、剁了腳的、烙了皮的、斬了腰的，還有施以弗戈酷刑的死屍，慘狀目不忍睹。這兩位沙彌被嚇得魂飛魄散，轉身就往回逃，還一個勁地抱怨文殊菩薩要麼是著了魔了，要麼是發了瘋了，咒罵吐蕃贊普什麼化身不化身的，十足一個暴君。

「贊普情知這兩位沙彌已對自己大失所望，便派了一位大臣並吩咐道：『你騎上白額黑駿馬，速到當巴灘去把兩位裝束跟咱們不一樣、光著頭穿著黃袈裟的人給我請回來！』

「這兩位沙彌當發現有人追來時，嚇得心驚膽顫，以為這下可大禍臨頭了。他倆被大臣帶回來後，在幻顯神殿南門前的草坪上受到贊普的召見。

「贊普用里域話問他倆遠道而來有何貴幹，他倆把事情的原委如實敘說了一番。贊普問他倆想不想見見阿彌陀佛，回答說久仰。於是贊普把他倆帶到拉薩的草地沙洲上，然後解開纏在頭上的紅綾帶露出阿彌陀佛的尊容。陛下說：『這就是阿彌陀佛，我是吐蕃贊普，你倆不必害怕。』

「兩位沙彌驚魂未定地問道：『阿彌陀佛乃是大慈大

悲依怙主，可陛下為何塗炭生靈，濫殺無辜呢？』

「贊普說：『我對治下臣民向來秋毫無損，然而，對那些施以仁慈而不能調伏之者，只有用峻法嚴刑加以懲治，以便維護十善之法。不過他們都會晝死夜復生，轉惡向善的。』隨後，贊普問他倆想獲得什麼樣的悉地。二位沙彌仍有餘悸，便託辭說：『在下身心已疲憊不堪，只想回家等待歸天。』

「贊普給他倆一人準備了一乾糧袋沙子，讓他倆頭枕著沙袋，心想著回家，好好地睡上一覺。當他倆一覺睡醒時，已躺在千里之外的自家門口了。暖暖的陽光照在身上，乾糧袋裡的沙子已變成了金沙。這兩位沙彌雖然生前沒有獲得什麼悉地，但由於有緣一見贊普之面，其後代因此而獲得了無飾薄伽梵果位。里域的一本書中也說吐蕃贊普松贊干布是大悲觀世音的化身。」

聽了屯米桑布札的這番話，大臣賽日崗敦和衛吉達那讓茂等眾臣，這才疑雲頓釋。

在漢妃文成尚未修建惹冒切寺之前，贊普曾跟她商議過修建奔塘寺的事宜。他倆商量好後，贊普便去澎波尋找工匠。當時，在澎波有一對不知姓氏的夫婦，生有郎才女貌的兩男二女。兄妹四人長大以後，彼此相互傾慕卻不能結為夫妻，備受廉恥煩惱的煎熬，但他們個個都是善於工

巧的能工巧匠。當他們得知贊普要請他們去修建寺廟,便提出四個要求:一要不受(兄妹通婚)廉恥的制約;二要不再自己找其他活幹;三要提前供給足夠的口糧;四要配發披風等穿戴。這四個條件贊普都答應了。此後兄妹四人和其他工匠一起,先後建造了奔塘寺、惹冒切寺、卡札寺、滕博古巴寺和棋苑寺等寺廟。

在忙於修建寺廟期間,兄妹四人雙雙結為夫妻,生兒育女也忙得不亦樂乎。後來他們的孩子多得就像滿山遍野的「吉」(秦艽),以至繁衍成人稱「吉人七莊」的七大村落。漢妃文成公主說他們「亂倫恬不知恥,縱欲毫無節制,生下這許多子女就像遍地都是的『吉』。」這兄妹四人後代的姓氏因此被稱作「吉」氏。

當時有位名叫嘎嘎日的蘇毗苯教徒啟奏贊普說:「贊普陛下,你請來的工匠,兄妹亂倫褻瀆冒犯了你的護身神,這將會給你帶來晦氣並危及你的性命。萬萬不可讓他們再放縱下去,我要用咒術來阻止他們。」這位蘇毗苯教徒施展咒術做了滿滿一席墊的蝨子模樣的魔俑,然後噴上水使牠們變成好多好多鴿子般大小的巨蝨。隨後吉人七莊的家家戶戶、裡裡外外到處都爬滿了巨蝨,而且怎麼弄也弄不走。吉人七莊的人們為此惶惶不可終日。可這樣一來,吉人自家兄弟姊妹之間,不是急於出嫁,就是忙著娶

親，反倒人丁巨增，弄得烏如地方上上下下到處都是吉人。

從此以後，吉人說吉雪河谷是他們吉人居住的地方，故名「烏如吉雪」。還說碧水河是他們的飲水之源，故名「吉曲河」。

據說，後來吉人瑪桑家族的後代中，出了一個能眼觀六路、耳聽八方的男子。他自稱：「當今贊普已駕崩，王子尚年幼。俟王子成年繼位之前，我便是統領吐蕃天下的君主！」此人便是所謂的「吉王贊巴」。他後來被刺身亡，轉生為山妖，故又名「吉俄隆贊」。他娶其胞妹為后，這位「王后」因溺水而死，故人稱「措曼王后」。

當時，龍妖厲鬼之災氾濫，內臣那闡布的公子董賽也遭侵害染上了重病，幸得一名叫秕頓惹乍的苯教徒施展「勒贊日登」禳解之術才得救。「勒贊日登」禳解術因此被書記下來作為伏藏埋在了空塘寺，以備後世之用。

當四位吐蕃女子后妃和內外眾大臣，得知贊普和尼漢二妃確已納入大悲觀世音像仙逝後，他們跪拜在十一面大悲觀世音像前，聲淚俱下，哀號一片。

這時漢妃文成和尼妃赤尊從觀世音像的左右鼻孔，贊普陛下從觀世音像眉宇間的慧眼中同時亮出相來，異口同聲地說道：「爾等莫要哭號悲傷，其實我們三人和大悲觀

世音沒什麼兩樣，你們只要一如既往向大悲觀世音像供奉
祈禱就行了。以後要是信解敬仰我們的人想念我們時，就
讓他們向大悲觀世音像祈禱並虔誠供奉即可矣。」話音剛
落，三人一晃又納入大悲觀世音像。

　　隨後，大臣們向十一面大悲觀世音像敬獻了豐盛的供
奉，並就善後事宜進行了商議。大臣噶爾東贊提議：「贊
普陛下與二后妃已去世納入本尊像，若將此事聲揚出去，
恐於朝政不利，暫且還是祕而不宣為好，也不要修造贊普
與二后妃的陵墓。對外就說時下贊普陛下住在澎波奔巴岡
桑布苑的聖光音寺；尼妃赤尊住在藏章寺；漢妃文成住在
奔塘寺。」

　　過了一個多月後，大臣們宣稱陛下與尼漢二妃身體欠
安。又過了一段時日，聲言病情加重。隨後，這才把贊普
與二后妃去世的消息公之於世，並延請阿雅苯布教徒在雅
隆敦喀灘⑱修建了贊普的王陵。

　　松贊干布的王陵有一由旬見方（方圓約一箭射程之
地），王陵的四角處各修了一座神殿。陵墓中有通道和暗
門，裡面呈格子狀，每個格子中都裝滿了奇珍異寶。贊普
身著綾羅華服的紙筋泥塑像，是用車輦從後門運送進去
的。贊普的四周圍坐著眾眷妃和大臣的塑身。王陵中書寫
繪製有《托通瑪》與《卦考瑪》兩部贊普遺訓的文字和壁

畫。

　　尼妃赤尊的陵墓建在後藏的一處白石白土的地方。

　　漢妃文成的陵墓建在欽瓦達孜，是用紅奶牛的奶水拌紅土修築而成的（譯注：下文兩句語焉不詳，故省譯）。

　　世尊釋迦牟尼的父王淨飯王是大悲觀世音的化身，贊普松贊干布也是大悲觀世音的化身，十一面大悲觀世音天成本尊像與松贊干布渾然無別。淨飯王的住地在迦毗羅衛，釋迦牟尼的主寺在金剛座，贊普松贊干布的主寺在拉薩幻顯神殿。世尊釋迦牟尼的兩尊等身像分別安立供奉在幻顯神殿和惹冒切寺，惹冒切寺業經釋迦牟尼八歲等身像發出的光芒開光加持。

　　至於說尼妃赤尊和漢妃文成二公主之所以要嫁給吐蕃贊普松贊干布的緣由是：當初大悲觀世音的化身松贊干布在普陀山時，他曾為普渡眾生到極樂世界而努力再三，然而所渡之者寥寥無幾，遂心生悲憫，潸然淚下。白綠二度母正是大悲觀世音的兩滴淚珠變成的，所以說松贊干布與尼漢二妃有父女關係之謂不無道理。贊普與尼漢二妃集父女、夫妻和父母（譯注：所謂父母是相對吐蕃子民而言之謂）關係於一身，共同普渡雪域吐蕃之眾生。

　　由於很久以前大悲觀世音（譯注：淨飯王也是其化身）與世尊釋迦牟尼有父子關係，故釋迦牟尼的兩尊等身像被

迎請到吐蕃之後，父與子又有緣在一起共同利樂吐蕃眾生。

後世之人，凡樂善好施者，都會在拉薩幻顯神殿看到贊普松贊干布繪製、雕塑、鑄造以及天成的諸佛與菩薩廣遍益利吐蕃眾生的情形。而心地不善者，只能看到鑄造、泥塑和繪製的諸佛與菩薩的造像、塑身和畫像而已；凡虔誠信佛且不貪色欲之者，若（繞幻顯神殿）轉七日「古拉」，來生便可獲得不退轉菩薩果位；凡一心向佛且不圖虛名者，若去朝佛轉「古拉」，來生便可獲得無飾羅漢果位；即便是僅僅拜佛一面，下輩子至少還可再獲得寶貴的人身。

漢妃文成公主在納入大悲觀世音像時曾囑咐說：「釋迦牟尼的八歲等身不動金剛像與釋迦牟尼十二歲等身金像安立的地方應調換一下，以防釋迦牟尼十二歲等身像日後被漢人奪回之不測。要把釋迦牟尼十二歲等身像從惹冒切寺轉移安立到幻顯神殿北下殿的一護房中，並在護房的門上畫上文殊菩薩的畫像。這樣一來，漢人就再也找不到這尊金像了。」後來大臣那闡布、屯米桑布札和噶爾東贊的子嗣兒臣們，遵照漢妃文成公主的遺囑，將不動金剛像安立在了惹冒切寺，而將釋迦牟尼像轉移到幻顯神殿並舉行了殊勝安住儀軌。

　　如上所述，有關拉薩幻顯神殿開光慶典、臣民們確信贊普松贊干布就是大悲觀世音、「烏如吉雪」和「吉雪河」的名稱由來、贊普與尼漢二妃納入大悲觀世音像後大臣們祭奠供奉、贊普與二后妃從大悲觀世音像的眉宇慧眼和左右鼻孔閃現亮相、諸佛與眾菩薩像大放光芒、朝聖拜佛的三種殊勝功德以及文成公主囑託轉移安立釋迦牟尼佛像的緣由、情形之拉薩聖地志與贊普遺訓之第十六章竟。

　　本書《吐蕃贊普松贊干布傳——遺訓金鬘》又名《大悲觀世音菩薩別記——遺訓淨金》，亦名《拉薩聖地志——贊普遺訓柱間史》。

注釋

① 君主名謂「光」者立句：松贊干布在本書此處預言他去世五百年後，將有名謂「光」者稱王。所謂「光」者指的應是「智慧光」和「菩提光」。智慧光即也協沃，係十一世紀時朗達瑪以下第五世阿里古格王朝出家國王。他被喀什米爾突厥族王噶洛扣作人質，要求以重金贖命，後來他因將贖金用作迎請阿底峽入藏弘法而被噶洛殺害；菩提光即絳曲沃，係朗達瑪以下第八世阿里古格王朝出家國王。

② 譯師二三建功績句：譯師二三指的是公元十一世紀初，前往印度迎請阿底峽尊者的大譯師納措·楚逞杰瓦（1011～？）、甲·宗哲桑蓋和勒貝希繞等人。

③末法期：唯形象期。佛滅後佛教住世的第十個五百年，出家人徒具
外表形象的末法期。這裡指朗達瑪滅佛之後前弘期與後弘期之間的
一段時期。

④菩薩贊普登基句：指赤松德贊（755～797在位），《唐書》作挲悉
籠臘贊。赤德祖贊（704～754在位）和金城公主所生子，吐蕃第
三十八代贊普。公元755年幼年繼位，當時權臣納南氏（赤德祖贊
之妃納南妃之舅）等立法禁佛；赤松德贊及長親政，頒詔崇佛，迎
請菩提薩埵和白瑪桑菩瓦入蕃弘法、建桑耶寺，並從印度、尼泊爾
請來高僧與吐蕃譯師一起翻譯了大量佛經，以「預試七人」為首創
建僧團，極力扶持昌興佛教。曾與唐室、大食、孟加拉時有戰爭，
晚年致力於唐蕃和好。唐德宗建中四年（公元783年），唐蕃會盟
於清水縣。公元797年卒。藏史稱「祖孫三法王」之一。

⑤其一繼位贊普句：「其一」所指，原文括號中注為赤熱巴巾。本名
赤祖德贊（815～836在位），唐書譯作可黎可足，係赤德松贊
（798～815在位）第三子。十二歲繼位，吐蕃第四十一代贊普。前
此唐蕃失和，他重用沙門大倫鉢闡布，致力唐蕃和好，重續甥舅之
親。吐蕃彝泰八年，唐長慶二年（公元822年），唐蕃會盟於拉
薩，823年在拉薩大昭寺前立唐蕃會盟碑。此王篤信佛法，大集印
藏譯師，建立譯場，釐訂文字，統一譯名，校訂舊譯佛典，新譯顯
密經論，命七戶供養一僧，由於他崇佛至極，被大臣衛達納堅等謀
殺。藏史稱「祖孫三法王」之一。

⑥另一凶惡殘忍句：「另一」指的是朗達瑪（836～842在位），另名赤達瑪烏冬贊，唐書譯作達磨，赤德松贊第二子。公元836年，朗達瑪夥同反佛權臣衛達納堅謀殺其胞弟赤祖德贊（赤熱巴巾），篡奪王位。朗達瑪執政期間，極力排斥並下令廢除佛教，拆除關閉寺廟，驅趕僧人狩獵，搗毀神龕佛像，焚燒佛教經籍……當時除康、青和阿里之外，佛教在衛藏地區遭到毀滅性破壞，史稱「朗達瑪滅佛」。公元842年，唐武宗會昌二年壬戌，朗達瑪被僧人拉隆拜吉多吉所弒，吐蕃王朝統一的局面從此崩潰。

⑦時有「虎身」大臣句：意指「魔王大臣」，原文括號中注為衛達納堅，出生衛地（今澎波），人稱「虎耳」，赤祖德贊的一大臣。因反佛而助朗達瑪弒君滅佛。

⑧「烏天」戰亂：朗達瑪遇刺身亡後，其正妃無子，覓一幼嬰，詐為親生，名赤德雲丹；側妃遺腹子名朗德沃松。二子及長，赤德雲丹據烏如，朗德沃松據天如，兩妃兩子形成爭奪王位的兩派勢力，各地也都有相互對立的兩派，且名目繁多，如長子派、幼子派，多數派、少數派，金派、玉派，食肉派、食糧派等等，致使吐蕃境內大部分地區捲入長達二十餘年的爭奪王位的混戰，史稱「烏天戰亂」。結果兩子均未能爭得贊普之位，吐蕃王朝分崩離析。至己丑年（公元869年），吐蕃境內又爆發了大規模的平民起義。

⑨仁欽桑波（958～1055）：譯言寶賢，也協沃之子，生於阿里古格恰瓦然納地方。十七歲赴印度留學長達十年，拜納若達巴等七十五

位大學者為師，講、辯、著、譯無所不通。回吐蕃後所從事譯事規模甚大，影響深遠，被尊為藏傳佛教後弘期大譯師之首。

⑩雜日山：西藏珞隅地區一神山。12世紀末藏傳佛教噶居派藏巴甲熱・也協多吉稱此山為密宗上樂金剛聖地，首創巡禮之例。每逢申猴年，規模盛大，轉山巡禮者逾萬，稱為「雜日巡禮」。

⑪瑪旁雍措湖：西藏普蘭縣中部一湖泊，位於聖山崗仁波且旁，海拔4558公尺。為西藏三大聖湖之一。

⑫青海湖：今青海省境內最大的內陸湖，湖中有海心山、鳥島。地處共和縣，距西寧151公里。周邊有以文成公主進藏時的傳說命名的日月山、倒淌河、東贊山等名勝。漢代記為鮮水，唐代作西海，蒙語稱庫庫諾爾。

⑬納木錯湖：西藏第一大湖，位於拉薩以北當雄與班戈兩縣之間，有波曲河等河流注入，面積1993平方公里。

⑭唐古拉：念青唐古拉山脈，在西藏中部納木錯湖的南沿一帶，海拔7111公尺，西起當雄縣，東至八宿縣。

⑮貢松貢贊：亦名貢日貢贊（581～？）。松贊干布之子。藏史稱其十三歲時，松贊干布禪位與他，十八歲卒，松贊干布復出。相傳他與其母蒙妃赤姜一起修建了今拉薩東郊也巴寺。

⑯芒松芒贊（650～676在位）：松贊干布之孫，貢日貢贊和吐谷渾妃芒杰赤嘎所生子。父禪位早卒，繼松贊干布為吐蕃第三十五代贊普。因繼位時尚年幼，由大臣噶爾輔政十五年，二十七歲卒。

⑰堆龍：堆龍德慶縣有一座叫「赤桑」的橋（意為萬橋）。相傳此處便是松贊干布在位時的刑場，因受刑者成千上萬，故名。本書此處所述與當地地名及傳說相符。

⑱雅隆敦喀塘：松贊干布的陵墓所在地，在今山南窮結縣，位置在距丕若山約三里的窮布溝尾口。據《賢者喜筵》、《西藏王臣記》等藏文史書記載，此處共有二十一座藏王墓，現在明顯可辨的只有九座。這九座藏王墓經有關方面考察認定是松贊干布墓、貢日貢贊墓、芒松芒贊墓、杜松芒布杰墓、赤德祖丹墓、赤松德贊墓、赤德松贊墓、木尼贊布墓和金城公主墓。

跋（原著）

　　故而凡到聖地拉薩朝觀的人，無論來自何方，無論路途遠近，只要你不圖名利，虔誠地轉「古拉」、作禮拜、上供燈、獻供奉，回去之後不造次作惡，一心向善至死不渝，那麼你如此朝觀一次兩次，便可證得一地二地菩薩，若是朝觀十次八次，就能證得十地八地菩薩。

——題記

　　本書《贊普松贊干布遺訓金鬘》所記有關松贊干布畢其身、語、意之力，垂恩護佑雪域吐蕃治下臣民，制定妙善法律，收服鄰邦邊敵，迎請殊勝本尊，開創崇佛先河以及眾妃善舉卓然，子臣善侍君主，修建贊普陵墓等情形，在大臣們輯寫的《如意明月》和后妃們輯寫的《聖潔素絹》中均有詳盡記述。

　　贊普松贊干布的化身覺沃杰主公（阿底峽尊者）說：「凡有幸書寫、誦讀或聆聽《松贊干布遺訓》或稱《拉薩聖地志》的人，都將獲得難以想像、不可言喻的益處和功德。」他還說：「若每年能到拉薩朝聖一次並轉十萬個『古拉』，可勝過敬獻百馱供品。」

　　那麼何以會有如此之大的益處與功德呢？

　　其一，是因為綠度母的化身智慧空行母「拉薩瘋婆」也曾有授記如是說。

　　其二，是因為贊普松贊干布就是大悲觀世音菩薩，是日月經天般萬世永存的大智大勇菩提薩埵。昔光音天之子具力和力友降臨凡間，其後嗣中出了「王」者眾敬王。眾敬王王統出釋迦族淨飯王王統，山居釋迦族日遮巴出百軍王，百軍王之子日瓦吉斯巴恰拉就是從天而降、被肩輿而歸的吐蕃神聖贊普聶赤贊布。吐蕃王統由聶赤贊布傳至拉妥妥日年謝，再傳至南日松贊之子松贊干布。從此，松贊

干布便開始將雪域吐蕃眾生引向教化解脫之路。本書記述了贊普松贊干布像牧人把畜群趕到水草豐美的牧場牧放一樣，普渡吐蕃眾生往趨怙主大日如來佛的西方極樂世界的殊勝業績。

其三，是因為本書記述了漢妃和尼妃帶到吐蕃的諸多殊勝佛像的由來。其中釋迦牟尼金像（十二歲等身像）和不動金剛像（八歲等身像）是佛門的兩尊主要偶像，且造像中各安放有已入滅諸佛與菩薩的舍利和有如鴿子般大的如意寶，尤其這兩尊佛像是由佛陀入寂之前親自開了光的。本書還記述了有關彌勒法輪像、天成金銀彌勒四佛以及天成五位一體大悲觀世音像的由來（此像之中安放有蛇心旃檀天成觀世音像及化身比丘遠自天涯海角求得的一掬滅累佛、飲光佛和世尊佛陀的舍利）；此外還敘及文殊菩薩的化身屯米桑布札依天竺文創制吐蕃文，從而使善法得以在吐蕃昌弘的情形。

有些典籍中說：佛與菩薩不曾親臨雪域吐蕃之地，故吐蕃非佛與菩薩的所化之境。有些說法則認為：文殊菩薩化身為比丘希繞沃，大悲觀世音化身為比丘朱巴沃，金剛手大勢至菩薩化身為甘冒，釋迦牟尼化身為樂施王子，金剛手大勢至化身為拉妥妥日年謝，大悲觀世音化身為松贊干布，文殊菩薩化身為赤松德贊，釋迦牟尼化身為蓮花

生。彼等佛與菩薩的化身都曾駐足吐蕃烏如之地並施之以神力加持，所以說雪域吐蕃之地——佛與菩薩曾蒞臨，當是彼等之化境。

正因為如此，聖地拉薩才顯得無比神奇壯麗，幻顯神殿和惹冒切寺等所有廟宇和佛像、佛經、佛塔都具有加被神力。故而凡到聖地拉薩朝覲的人，無論來自何方，無論路途遠近，只要你不圖名利，虔誠地轉「古拉」、作禮拜、上供燈、獻供奉，回去之後不造次作惡，一心向善至死不渝，那麼你如此朝覲一次兩次，便可證得一地二地菩薩，若是朝覲十次八次，就能證得十地八地菩薩。

覺沃杰阿底峽尊者說，贊普松贊干布的這部遺訓是他按照智慧空行母（拉薩瘋婆）的授記，從拉薩幻顯神殿發掘伏藏得到的。這部藍帛金粉書寫的遺訓有詳、中、略三種。此書是為後世之人集聚善業資糧而記於書卷的。

智慧空行母授記說：「此書極為難得，且不可輕易示之於人。」故世人難以見到，難以聽到，更難以得到。

覺沃杰尊者將此書傳給了旺頓，旺頓傳給了多朗巴，多朗巴傳給了堅阿巴，堅阿巴傳給了內俄斯爾㟃，內俄斯爾巴傳給了直貢巴，直貢巴傳給了迦瑪巴，迦瑪巴傳給了熱振巴，熱振巴傳給了貢桑，貢桑傳給了多杰慈成，多杰慈成傳給了我。

本書是依據真實無誤的三峽原本抄寫而成的。被稱作「代桑卦念」的三峽原本後來作為伏藏埋藏了起來。

屯米桑布札穆瓊和噶爾東贊玉桑兩位大臣翻譯了大量天竺文和漢文佛經，他倆是贊普松贊干布的御前大譯師。

贊普松贊干布的十六位法臣分別是：主司東方漢唐事務的法臣為那闐布、年華德祥曩、芒墀覺日朗贊、瓊波玉桑則、覺如達嘉、芒布杰桑南覺繞堅、欽芒杰芒洛；主司南方天竺和門域事務的法臣為涅華氏貝古覺；主司西方大食事務的法臣為沃姜秀讓亞貢煞、欽芒杰芒洛（重名）、智賽日崗敦、涅赤桑央敦、貝贊桑巴列、努尼東銳、奏隆；主司北方吐谷渾事務的法臣為蘭代墀桑洛贊。

法王松贊干布的這部遺訓詳本，由於繕寫師誤解而造成的增損或謬誤業經校正。

格西那覺巴照原本抄寫了一本小冊子，後傳給了格西堅阿巴，後來又傳到夏也巴的手中。夏也巴將這本小冊子放進了靈塔。據說這本書的原本藏在一護房的一尊塑像中。

贊普松贊干布的遺訓有詳、中、略三部，據說有的佚散於後藏。本書即為詳本，茲按原本繕寫書記於此。

願一切吉祥！

附錄一　藏文鉛印版出版前言

　　鑑於目前對藏族社會、文化、宗教、歷史及人物的研究，呈現出前所未有且日益深廣的局面，為了向廣大讀者和研究人員提供更多的藏族歷史研究史料，我們特意出版了這部著名的藏族歷史古籍《西藏的觀世音》又名《吐蕃贊普松贊干布傳——遺訓金鬘》）。

　　在諸多藏族歷史名著和民間傳說、故事中，頗多見有關藏族族源、宗教、文化等方面最早發祥、出現情形的記述，皆稱引自《西藏的觀世音》。然而，《西藏的觀世音》一書至今無任何版本的印刷版，即便抄本也極少存世，故歷來廣為人知而鮮為人見。

　　據說，目前此書原本在西藏自治區比較大的藏經樓或圖書館中，或許收藏有一兩帙。除此而外，僅在北京民族圖書館和甘肅拉卜楞寺各收藏有一帙。拉卜楞寺藏本是用藍紙銀字繕寫的，被該寺作為「語之所依」的鎮寺之寶之一所珍藏。近年來，這兩帙藏本估計尚有極少影印本傳

世。

這本鮮為人見，來歷確鑿，且以書面形式記載的「遺訓」祕籍，在所有的藏文歷史文獻中，當屬最早的古籍之一。此書不僅記載了松贊干布一生的功業，同時還記述了文成公主和赤尊公主的業績，所以是部極其珍貴的史料。正因為如此，為了挽救這部瀕臨失傳的珍貴古籍，我們整理出版了這部書。

在整理出版時，我們按原文每章末尾的章節，在篇首加了標題。本書原文共有十六章和一個跋。

本書由甘肅民族出版社提供繕本原稿，由毛蘭木·加措先生校勘，於此一併致謝。

甘肅省少數民族古籍整理出版辦公室

一九八七年十二月

附錄二・神祕的西藏聖物『地下掘藏所得寶書』

——掘藏師與伏藏文獻簡介

□扎　西

　　本書記云：「松贊干布為了讓一切善好昌行雪域而深謀遠慮，勵精圖治。他深知若不遏止摒除一切惡行，那麼任何善好便無從做起。故而他為了懲治歹徒，杜絕惡行，並為了防止日後亂世之時惡人橫行，神祕莫測地埋藏了無以數計的凶猛而又高妙、靈驗而又快捷的伏藏。

　　「贊普對如何製作伏藏，如何選址埋藏，如何尋找掘藏，掘藏後如何使用等都有詳細的交代和囑咐。這些在贊普的遺訓中有詳盡記述。因慮及如果時機尚不成熟，伏藏便被貿然掘出，抑或落入居心巨測的歹徒之手，必將禍國殃民以致後患無窮。故我等阿底峽尊者主僕於此從略不表。」①

　　由此可見，藏族地區伏藏文獻的起源可謂淵源久遠。

　　土觀羅桑郤吉尼瑪大師在《宗教流派鏡史》中說：
「伏藏源流情形者，蓮花生大師及少許具德大師，為教化
未來有情故，將諸修不共二種教授甚多，埋為伏藏，作大
加持，令不失壞，並付與守護伏藏神守衛之。先發淨願，
願得值遇與此法有緣之人，若屆出現伏藏之時，爾時則先
現取藏之兆相。應由誰取藏，將取藏者之名氏、族姓、徵
象等羅列為目。若時、地與取藏人一切因緣具備，則將此
藏取出，以之普傳有緣，稱為藏法。按伏藏之法，印度古
已有之，西藏其他宗派中，亦屢見不鮮。」②
　　《蓮花生大師本生傳》專門有一章講述此事，如云：
　　　　「雅瑪溝伏藏長壽修法長壽水
　　　　在那石頭寶塔內
　　　　各埋一座寶伏藏
　　　　白瑪尖地方埋了十處長壽水
　　　　明照殿伏藏更無數
　　　　南邊結曲寺埋有深奧伏藏
　　　　在苯塘積善溝
　　　　埋下母部天母藏
　　　　意藏經典埋在魯吾格嘎爾
　　　　……
　　　　多種伏藏右如雅魯藏布江岸邊

外伏藏顯密在天文曆算殿

內伏藏厲咒一百零八部

則在北方扎東孜大殿

康地隆堂度母殿

中伏藏各種密續十三種

東方貢布去唯美殿

埋下印度神變幻術

……」③

一一講述了伏藏的地點、名稱等，共埋下伏藏一百零八處。

另外，許多掘藏師都有傳記，詳述其生平、主要的掘藏活動及其伏藏文獻的傳承。如法王旺波德所著《掘藏一百尊者啟白文》等。

蓮花生也給掘藏師們留下了諄諄教誨：不要放縱自己；離家到別處去修行，行蹤不定；過簡樸的生活；掘出伏藏後還要專修三年；不自作聰明，要牢記對人常說「沒有，不知道，不清楚」；不輕易洩露祕訣，一生專心於修煉等。後世掘藏師的經歷就像蓮花生大師所教導的那樣，他們總是在僻靜處修行，淡泊名利，遠離俗世，世人難以體察他們內心的快樂和執著的精神。

除了蓮花生大師預言過的掘藏師外，還出現過其他的

掘藏師，據說寧瑪派的掘藏師約有二千五百多人。一直到現在，藏族地區掘藏師的出現仍未曾中斷。

歷代掘藏師掘出的伏藏文獻，是藏傳佛教寧瑪派經典的主要組成部分。有些伏藏經典在整個藏區亦非常著名，被奉為聖典，如《五部遺教》、《蓮花遺教》、《嘛尼教言十萬》以及一些祭祀儀軌文、修煉祕訣等。寧瑪派較大的寺院中有講授伏藏文獻的傳統，對伏藏文獻通過整理，劃分為不同的系統。如娘·尼瑪沃色掘出的伏藏統稱為「上部伏藏」，古如·卻吉旺秋掘出的伏藏統稱為「下部伏藏」，仁增郭吉丹赤堅掘出的伏藏統稱為「北藏」等。

特殊的掘藏師群體和特殊的伏藏文獻，折射著藏傳佛教文化的神祕光芒。它是神奇的產物，更是不屈不撓的心靈的追求。伏藏文獻不僅表達的是美好的願望，更是一種衝破一切世俗束縛的生命寫照。

歲月蒼茫，悠悠不盡。蓮花生大師以其無垢慧觀，曾告誡人們將會出現假的掘藏師和偽伏藏文獻，並告知人們如何去識別真假。在歷史的長河中，仍出現過或偽造、或篡改、或托名編寫的伏藏文獻，魚龍混雜，真假難辨。《宗教流派鏡史》亦載：「固有一類名為取藏者，乃係將己所偽造之法，先事伏藏，後作詐取，此純為偽法。」歷代的學者中，都有不惜花費畢生的精力，在神奇的伏藏文

獻中探賾索隱，去偽存真，還伏藏文獻之真相，也使那些別有用心者的面目暴露無遺。這也從側面告訴人們，要真正地理解伏藏文獻的內涵是何等之不易。

伏藏文獻種類繁多，浩如煙海。伏藏文獻是有待人們傾注心血和智慧去發掘的文化寶藏，對伏藏文獻的考證、研究，已成為藏文化考古學的一個重要方面。現在，有一小部分的伏藏文獻已被譯成漢文、英文和法文，為更多的人所了解。

參考文獻：

①見本書第261頁。另參見本書第十四章。

②《宗教流派鏡史》，劉立千譯，西北民族學院研究室編印，1980。

③《蓮花生大師本生傳》，洛珠嘉措等譯，青海人民出版社。

譯後記

譯者西北民族學院副教授盧亞軍先生與賽倉活佛合影

凡事都有個緣起──

就翻譯注解《西藏的觀世音》這部書而言，說遠一點，緣於我從小就隨父母工作調動到了甘南草原，高中畢業後隨著時代的潮流又奔向半農半牧區的「廣闊天地」。在上山下鄉的4個春秋寒暑中，與勤勞的藏族群眾結下了深厚的情誼和不解之緣。恢復高考後，我作為77級的一員邁進了高等學府──西北民族學院的大門，融進了博大精深、奧妙無窮的藏族文化的海洋。從此以後，我便成了這大海裡的一滴水。

要說近也不近，1991年甘肅省少數民族古籍辦指定我翻譯全國少數民族古籍整理出版「八五」規劃重點項目

《西藏的觀世音》這部歷史古籍。當我開始著手翻譯時，
這部書在藏族民族史、史學史、文化史、宗教史以及在藏
族文人學者和平常百姓心目中的地位、作用和影響，給了
我強烈的震撼和與日俱增的壓力。坦誠地說，我感到力不
從心，望而卻步了。

所幸在甘肅省民委領導同志和古籍辦負責人郭正清、
馬更志同志的鞭策、鼓勵下，並得到著名藏學專家賽倉·
羅桑華丹活佛、多識·洛桑圖丹瓊排活佛和華銳·桑吉教
授、高瑞教授、道周教授以及負責藏文祕籍原文繕寫和藏
文鉛印版校勘的已故拉卜楞寺大司書（仲佑欽冒）毛蘭
木·加措先生的關懷和幫助，我才得以螞蟻啃骨頭似地完
成了這部書的翻譯。對上述諸位尊敬的先生，我在此深表
衷心的感謝和誠摯的頂禮。

這部近1000年前的奇書，到2000年的今天，經我的拙
譯出版了，作為譯者我既感到欣慰，因為我對發掘、整理
和搶救藏族歷史文化遺產，也算做出了「滄海涓滴」的一
點微薄貢獻；但我也為自己的才疏學淺而深感於心難安，
譯文中的疏漏、失誤之處，敬希方家和讀者賜教指正。至
於這部書的考證、研究，更有待「眾人拾柴火焰高」。

另有所緣的是——

藏族青年詩人，《西北民族學院學報（哲社版）》編

輯旺秀才丹先生為發掘民族文化遺產瑰寶，加強漢藏文化交流，為出版發行這部堪稱奇書的典籍付出了很大的努力。於此我謹向旺秀才丹先生致以誠摯的敬意。

我深為曾走遍祖國的大江南北而自豪，尤為多年生活在藏族同胞中間，常涉足青藏高原的山川莽原，朝拜過藏族地區的許多名寺古剎而感到幸運。

我熱愛這片神奇的土地，

我熱愛這裡勤勞的人民，

我願為藏族的文明、進步和繁榮，

鞠躬盡瘁。

譯者：盧玉華

於蘭州‧西北民族學院

二〇〇〇年十二月八日

國家圖書館出版品預行編目資料

西藏的觀世音／阿底峽尊者發掘；盧亞軍譯注 . --初
版 . --台北縣新店市：漢欣文化，2004〔民93〕
　　面；　　公分 . --（資糧田；PB01）

ISBN 957-686-444-5（平裝）

1. 藏傳佛教-歷史　　2. 吐蕃-史料

226.968　　　　　　　　　　　　　　93013031

資糧田 PB01

西藏的觀世音

發　　掘／〔印度〕阿底峽尊者　　譯　　注／盧亞軍
發 行 人／楊炳南　　　　封面設計／楊晉權
出 版 者／漢欣文化事業有限公司
地　　址／231新北市新店區中興路 2 段 218 巷 10 號 2 樓
電　　話／(02)8911-6040　　　傳　　眞／(02)2911-2266
郵撥帳號／05837599 漢欣文化事業有限公司
營業時間／星期一至五早上 8:30 至下午 5:00（國定假日休息）
登 記 號／局版台字第 2855 號
印 刷 所／普林特斯資訊股份有限公司　　頁　　數／328頁
初　　版／2004 年 9 月 10 日
四　　刷／2015 年 11 月 25 日

本書如有缺頁、破損或裝訂錯誤，請寄回更換
本書由甘肅人民出版社授權本公司在台印製繁體字版